Être mère

AMINA FRÜHAUF

Être mère

TAHA, BILAL ET MOI

Avec la collaboration de Christophe Duchatelet

Michel LAFON

118, avenue Achille-Peretti – CS 70024
92521 Neuilly-sur-Seine Cedex
www.michel-lafon.com

À toi, mon père,

qui as protégé ma précieuse liberté,
qui m'as toujours rappelé que j'étais
une personne importante,
qui as toujours posé sur moi ce regard
plein d'amour et de fierté.

À vous, mes fils,

n'oubliez jamais de passer le flambeau
que votre grand-père vous a transmis
à travers moi.

[Vos enfants, bien qu'ils soient avec vous,]
ils ne vous appartiennent pas.
Vous pouvez leur donner votre amour
mais non point vos pensées,
car ils ont leurs propres pensées.
Vous pouvez accueillir leurs corps
mais pas leurs âmes,
car leurs âmes habitent la maison de demain,
que vous ne pouvez visiter,
pas même dans vos rêves.
Vous pouvez vous efforcer d'être comme eux,
mais ne tentez pas de les faire comme vous.
Car la vie ne va pas en arrière,
ni ne s'attarde avec hier.
Vous êtes les arcs par qui vos enfants,
comme des flèches vivantes, sont projetés. [...]

Le Prophète, Khalil Gibran

Prologue

Février 2019. Aéroport de Roissy. Six heures du matin.

Bilal et moi, sa maman, allons bientôt embarquer pour Tel-Aviv. J'y accompagne mon fils, attendu par le producteur chargé de réaliser les films de présentation des quarante et un artistes en compétition pour le concours de l'Eurovision, deux mois plus tard. C'est dans cette ville jeune et créative, souvent présentée comme la Silicon Valley de la Méditerranée, que se déroulera le show prestigieux : Isabelle Aubret, Françoise Hardy, Hugues Aufray, France Gall, Marie Myriam… Voici quelques-unes des stars qui ont défendu les couleurs de la France à ce concours très apprécié du public.

La veille au soir, Bilal s'est produit sur le plateau de la Seine musicale organisé par la radio NRJ. Nous sommes rentrés tard et couchés aussitôt. À 4 heures du matin, le réveil a sonné. Peu après, le coiffeur et le maquilleur de notre « glam squad » sont arrivés pour préparer Bilal en quelques tours de main experts et rapides : fond de teint, maquillage des paupières et des cils, mise en place de sa perruque. Pendant ce temps, je vérifie les valises que j'ai préparées la veille. Surtout, ne rien oublier, sans quoi ces petits drames pourraient déconcentrer et gripper la machine de la préparation de Bilal qui doit le conduire sur scène au sommet de son art. Alors, voyons… ici, les perruques, là, les différentes tenues sélectionnées par le styliste, les écouteurs placés dans les oreilles sur scène qu'on appelle *ears* dans le jargon du spectacle, le thym à infuser, les gouttes du Bolchoï pour adoucir les cordes vocales en cas d'irritation, la trousse médicale avec le nécessaire de base – en cas de migraines, maux de ventre, bobos musculaires –, l'enceinte portative pour écouter de la musique dans sa chambre, les tenues d'intérieur quand nous serons à l'hôtel, dans le salon au petit déjeuner et au dîner, les chargeurs de téléphone et d'ordinateur, le disque dur externe, le petit porte-bonheur… Voilà, je crois que la liste est complète. Allez, hop ! Direction l'aéroport !

Nous patientons dans la file d'attente pour l'enregistrement aux côtés des familles en route pour visiter leurs proches en Israël, dont quelques religieux vêtus de leur tenue traditionnelle, leurs papillotes dans les cheveux. Après un rapide aperçu, il me semble que nous sommes les seuls touristes à embarquer. Bilal me fait part de son anxiété : il redoute de se voir hué par ces religieux en raison de son look, de sa perruque et de son maquillage.

Pour calmer son angoisse, je l'invite à penser aux tenues qu'il va mettre pour le tournage de la capsule vidéo qui lancera son entrée sur scène devant des millions de téléspectateurs… Je le vois fermer les yeux et se concentrer. Perfectionniste jusqu'au bout des ongles. Chaque détail compte, on devient vite obsessionnel dans ce métier.

Bilal a tout juste 19 ans, cette participation à l'Eurovision pourrait lui donner une visibilité internationale et le propulser au sommet.

La pression pèse sur ses épaules, mais il l'accepte, car pour lui, c'est une évidence, il est né pour chanter. Cette passion l'anime depuis son plus jeune âge, il a toujours rêvé de monter sur scène et de faire carrière dans la chanson. Ce n'est pas un caprice de jeunesse. Il s'entraîne chaque jour : vocalises, cours de solfège, danse, interprétation… C'est un travailleur acharné. Il le sait, les gens du métier le lui ont souvent répété : le talent, c'est une chose. Mais pour émouvoir et toucher le cœur du public dans la durée, c'est beaucoup de sueur, de larmes et surtout de l'authenticité, une persévérance infaillible. Bilal a tout misé sur sa carrière. Il m'impressionne par sa volonté et sa vision, on dirait qu'il a déjà une feuille de route tracée dans sa tête. Je me souviens encore de ce déjeuner en mars 2011 dans un fast-food à Arpajon où nous sommes tous les trois réunis, Taha, Bilal et moi. Nous parlons de tout et de rien. Soudain Bilal prend la parole et s'exclame du haut de ses presque douze ans : « Maman, je veux devenir une star ! » Je lui réponds qu'il doit d'abord faire ses études avant de se lancer dans une carrière artistique. Taha, de quatre ans et demi son aîné, acquiesce d'un hochement de tête. Ce préalable que j'ai formulé sans l'ombre d'une hésitation semble choquer mon fils cadet. Bilal me fixe en silence, puis il se met à pleurer à chaudes larmes. Je ne l'ai jamais vu dans un tel état de fragilité émotionnelle, lui d'habitude si souriant. Il nous balaye du regard, son frère et moi, et nous lance : « Vous voulez briser mon rêve, c'est ça ? » Ce jour-là, j'ai compris que la vocation artistique de Bilal relevait d'une passion foudroyante : elle n'était pas négociable, elle bouleverserait notre vie de famille.

Alors moi, sa mère, qui le protège et l'éduque dans ce monde parfois si intolérant, j'ai accepté qu'il interrompe ses études pour tenter ce pari fou. Nous avons mis toutes les chances de notre côté. En plus d'être sa mère, je suis aussi devenu sa manager, et la dirigeante de son entreprise. Une double casquette pas toujours simple à porter.

Ce rôle de manager m'a été attribué presque naturellement si je puis dire. Quand Bilal évoque son travail artistique, les textes de ses chansons, la sélection des contenus pour sa chaîne YouTube, il dit toujours « nous », comme si on était une famille aussi dans la création. Alors, quand il m'a proposé de l'accompagner dans le développement de sa carrière artistique, j'ai fini par accepter, malgré le risque de confondre mes deux rôles : tantôt manager d'un artiste qui a décidé d'assumer pleinement sa préférence pour les garçons et de se présenter au public dans des tenues jusque-là réservées aux femmes (robes et talons), ses costumes de scène désormais favoris, tantôt mère d'un jeune adulte tout juste majeur, mais encore vulnérable, marqué dans sa chair d'enfant par le rejet de sa différence au sein d'un environnement social et familial parfois intolérant. J'espère que j'accomplirai au mieux cette mission.

Lors des phases de sélection pour l'Eurovision organisées par France Télévisions, on a un peu connu les montagnes russes, à l'image de la trajectoire que connaît tout artiste dans sa vie. Un suspense intenable. Au second passage de sa prestation devant les caméras pour sa qualification, Bilal ne trouve pas le soutien du jury international, il se place en cinquième position, avec 50 points, derrière Emmanuel Moire, Chimène Badi et Seemone, qui comptabilise 94 points, en première place. C'est la grande désillusion. Puis Garou dévoile en direct le vote du public… Un public qui propulse Bilal à la première place en lui octroyant 150 points… Nos yeux sont rivés sur l'écran. Miracle, c'est gagné ! En route pour Tel-Aviv. Mais notre joie est vite contrariée.

Sitôt sa victoire officialisée, la haine se déverse sur Twitter. En voici quelques exemples : « On va te tuer, des monstres comme toi ne devraient pas exister », Bilal est « une aberration de la nature, indigne de représenter la France ». Haine sur les réseaux sociaux, mais aussi sur la scène politique : un sénateur LR s'empare de cette actualité et adresse une lettre à la direction de France Télévisions pour réclamer la destitution de mon fils au concours de l'Eurovision, au mépris du vote des téléspectateurs. Bientôt la controverse gagne certains plateaux de télévision. Quelques polémistes des chaînes d'infos en continu en recherche de buzz tiennent devant les caméras des propos eux aussi très hostiles. Bilal ne serait pas « assez français », il ne peut défendre les couleurs de notre pays. Sachez pourtant que mon fils est né ici, je l'ai élevé dans l'esprit des valeurs républicaines, il adore la chanson française, les paysages de nos campagnes. Se vêtir de robes et préférer les garçons serait-il un crime ?

La direction de France Télévisions n'a pas cédé à ces pressions, elle est restée intègre, a maintenu Bilal dans la course. Une décision courageuse que je salue.

Les menaces de mort exprimées lâchement derrière l'anonymat des écrans sont comme un coup de poignard en plein cœur pour Bilal, mais aussi pour son frère, son père, ses proches. Il y a ce bonheur pour mon fils de représenter la France à l'Eurovision, d'exprimer sur cette scène son talent et sa joie de vivre dans un pays libre, puis cette violence avec laquelle nous devons vivre désormais.

Impuissante, j'assiste à ces torrents de violence verbale, aux insultes, aux appels au meurtre. Twitter, cette plateforme hors de contrôle, la pire de toutes, est devenue aujourd'hui un territoire de prédation pour les plus vils instincts, un lieu où s'expriment le ressentiment et la haine de l'autre. Mon cœur de maman vacille. Comme toute mère dans mon cas, je suis meurtrie de voir mon enfant menacé de mort en raison de son orientation sexuelle, comme cela a lieu désormais au quotidien depuis cette participation au concours de l'Eurovision…

Que faire ? De quelle façon protéger mon fils sans nuire à sa carrière artistique ? Faut-il lui demander de renoncer ?

Je consulte mon entourage et notre producteur. Notre première décision est d'isoler Bilal. Désormais il n'aura plus accès à son compte, il ne lira plus les messages, son compte Twitter sera géré par Patrick, notre *community manager*. Je vais dresser autour de mon fils un mur opaque pour le protéger de cette haine. C'est triste d'en arriver là, une défaite pour la liberté de vivre et d'aimer selon ses désirs. Nous n'avons pas d'autre choix que cette mesure de protection d'urgence, en attendant peut-être des jours meilleurs. Bien sûr, nous décidons également de porter plainte, mais sans aucun effet pour l'instant.

Je découvre à cette occasion une France coupée en deux : l'une qui a voté pour Bilal, tolérante, ouverte sur le monde, généreuse, à l'image de notre jeunesse, qui se fiche de la couleur de peau des uns et des autres comme de leur orientation sexuelle, et puis la seconde, repliée sur elle-même, qui a peur de son ombre, conformiste, rétive à toute forme de différence. Fier de ses origines multiples, enfant de la génération Y qui ne craint pas de s'exprimer hors des normes établies, Bilal aurait-il mis en évidence sans le vouloir cette fracture au sein de la société française ?

*

* *

Dans la file d'attente de l'aéroport, un jeune homme se tourne vers nous. Il a reconnu Bilal. Il lui adresse un sourire puis hausse les épaules d'un air désolé, en montrant l'écran de son smartphone. Mauvais signe. Mon ventre se serre, je flaire un sale coup, il se passe quelque chose sur les réseaux.

Discrètement je m'éloigne et je joins au téléphone Patrick, notre *community manager.*

« Je n'osais pas t'appeler, me dit-il. Il y a un tweet abjecte qui tourne, c'est déjà numéro un. »

À ces mots, je sens mon cœur s'emballer, je tente de reprendre le fil de mes pensées bien agitées et je retourne auprès de mon fils, qui remarque aussitôt ma gêne. « Que se passe-t-il, maman ? Dis-moi. »

Je ne peux lui cacher la vérité, il doit savoir, il faut se préparer à contre-attaquer, je ne sais pas encore comment.

Je lui raconte ma conversation avec Patrick. Je vois le visage de Bilal se décomposer. Il comprend aussitôt qu'on vient encore de mettre sa tête à prix, c'est le tweet de trop ! Les attaques sont claires : on veut détruire sa réputation et créer des scandales retentissants afin qu'il renonce à représenter la France à l'Eurovision.

– Je ne vais pas prendre l'avion, maman. Je vais craquer si on m'attaque encore. C'est sûr, les journalistes vont me poser des questions sur le conflit israélo-palestinien. Qu'est-ce que je vais leur répondre ? Moi, je suis juste chanteur, je ne suis ni historien ni politicien, je n'y comprends rien à toutes ces guerres. S'il te plaît, maman, préviens la direction de France Télévisions que j'arrête. Je t'en prie, ce n'est pas la peine d'insister, je n'ai plus la force.

Le rêve de mon fils semble s'arrêter ici, moins d'une heure avant de prendre l'avion vers son grand rendez-vous avec le public. À cet instant, ni l'agent ni la mère ne savent quoi répondre. Je suis prise d'un vertige. Nous sommes tous les deux sonnés. K.-O. debout. Pourtant, au fond de moi, je sais qu'il ne faut jamais abandonner face à l'adversité. Je repense alors aux principes auxquels j'ai toujours cru : le respect de la parole donnée et de ses engagements, mais je ne sais pas comment l'exprimer de façon réconfortante à Bilal.

J'appelle Taha. Tant pis si je dérange, il est en convalescence après un problème de santé. L'heure est trop grave. Il décroche, je peux lui faire un topo de la situation.

Fidèle à lui-même, il vient à notre secours avec son pragmatisme naturel : phrases courtes, précises, concises. Je mets mon téléphone sur haut-parleur. La voix de Taha nous saisit par sa justesse : « Bilal, mon frère, n'oublie jamais que la scène est un lieu sacré que personne n'a le droit de souiller. Fais ce que tu as à faire. »

Bilal relève la tête, il reprend vie, mais il n'est pas encore tout à fait convaincu…

Aujourd'hui, avec le recul, alors que j'écris ces lignes, voilà ce que je souhaite vous dire, mes fils adorés : plus que jamais, défendez votre liberté d'aimer et votre différence, comme j'ai défendu la mienne en quittant il y a longtemps le Maroc, un pays que j'aimais et que j'aimerai toujours. En tant que femme, je savais que j'y aurais été soumise à la volonté du patriarcat religieux. Je me suis battue toute ma vie pour défendre mes libertés en tant que femme, en tant que mère, pour continuer à vous élever, dans l'amour du prochain. Mes fils chéris, ne cédez jamais votre part de liberté à vos adversaires, comme vous l'avez toujours fait. Je suis si fière de vous.

I

Familles, ne blessez pas vos enfants

– 1 –

Adieu Casablanca

Jamais je n'aurais pu élever mes deux enfants dignement si je n'avais pas lutté dès mon plus jeune âge pour ma liberté de femme et ma différence dans le pays où je suis née, au Maroc, et ensuite en France, ma terre d'accueil.

J'ai grandi à Casablanca, dans une famille nombreuse, j'ai trois sœurs et trois frères. La vie dans cette grande famille m'a appris à me battre. Quand un de mes frères rusait pour piquer ma part de nourriture dans mon assiette, je devais me défendre.

Lalla Mahjouba et Sidi Ahmed, mes grands-parents maternels sont décédés l'un après l'autre, à un an d'intervalle, j'avais huit ans. Sidi Ahmed avait commencé comme barbier sur les marchés, puis il avait vendu des vêtements aux puces avant de devenir un grand industriel dans le textile. Il avait le sens du commerce. Je garde en mémoire le beau sourire de Lalla Mahjouba, c'était une belle femme, au caractère doux. Enfant, je n'ai pas compris pourquoi mon grand-père avait aussi épousé une autre femme, qui s'est installée chez lui. Les deux épouses et leurs enfants vivaient ensemble sous le même toit. Apparemment, cela ne semblait pas poser de problèmes.

Sidi Mohamed, mon père, qui vient de nous quitter au moment où j'écris ces lignes, paix à son âme, était un homme ouvert d'esprit, élevé par Lalla Fatna, une mère combattante, elle aussi éprise de liberté : à la mort de son mari alors qu'elle était enceinte, elle a été chassée de son village avec ses quatre garçons. Elle s'est installée à Casablanca, et elle a surmonté tous les obstacles pour éduquer ses enfants. Cette histoire que m'a racontée mon père m'a profondément marquée et montré la voie à suivre : il est toujours possible de se frayer un chemin face à l'adversité et de renverser des montagnes pour s'affranchir de ses chaînes.

Mon père m'a lui aussi inculqué ces valeurs. Il avait lutté contre l'occupant colonial pour contraindre les forces françaises à quitter les administrations et le gouvernement à l'époque du protectorat franco-espagnol (1912-1956). Résistant de la première heure, il a été emprisonné et condamné à mort. La déclaration de l'Indépendance le 2 mars 1956 l'a finalement sauvé de l'exécution capitale. J'ai conservé dans mes archives le compte rendu de son jugement au tribunal permanent des Forces armées de Casablanca, il débute par cette phrase : « AU NOM DU PEUPLE FRANÇAIS... »

Son frère, lui aussi résistant, a eu un destin plus tragique. Emprisonné et torturé, ne supportant plus ces atroces souffrances et craignant de révéler les noms de ses camarades de lutte, il choisit de se donner la mort en avalant une dose de cyanure cachée dans son vêtement. Le corps du défunt n'a pas été rendu à la famille. Mon père m'a raconté que les proches ont seulement été autorisés à assister aux funérailles au cimetière, en se tenant à distance du cercueil. Toujours selon son récit, sa mère aurait été contrainte de retenir ses larmes.

Une tante de mon père qui a vécu chez nous à Casablanca nous a aussi raconté une histoire terrifiante. Très digne, retenant ses larmes, elle a évoqué le souvenir de son fils, Ahmed Rachidi, résistant également, mis à mort le 4 janvier 1955 par les autorités françaises. Devant le peloton d'exécution, Ahmed Rachidi a refusé qu'on lui bande les yeux, car il voulait voir le ciel du Maroc une dernière fois. Cette combativité a marqué mon enfance. Mais j'ai surtout hérité de mon défunt père son esprit de résistance : il m'a aidé à me construire, à défendre ma liberté de femme et de mère à tous les moments clés de ma vie, il m'a donné la force de protéger mes enfants quand ils se trouvaient en danger, comme c'est toujours le cas aujourd'hui pour mon fils Bilal, tous les jours injurié et menacé de mort sur les réseaux sociaux.

Je suis sûre que vous pouvez trouver dans votre histoire une grand-mère, une tante, une de ces femmes invisibles qui se sont battues dans leur village ou leur quartier contre les injustices ou le pouvoir masculin et dont le destin va vous inspirer dans votre vie de tous les jours et vous redonner du courage. Cherchez-la autour de vous, elle vous attend, comme moi j'ai été nourrie par l'histoire édifiante de ma grand-mère paternelle. Nos enfants, filles ou garçons, ont besoin de ces micro-récits escamotés par la grande Histoire nationale pour s'élever et croire au futur.

La vie au Maroc n'était pas facile pour les femmes à cette période de mon adolescente, limitée et conditionnée au pouvoir patriarcal. Nos conversations entre jeunes filles témoignaient de nos peurs, car on entendait certains témoignages accablants. On racontait que la police pourchassait jusque chez leur père les épouses en fuite, pour les reconduire de force auprès de leur mari, en ce domicile conjugal où elles continuaient à subir ses violences. Régulièrement, j'entendais que telle ou telle voisine ou amie de la famille s'était suicidée. On ne nous donnait aucune explication au sujet de ces étranges disparitions, ce qui ajoutait à mon angoisse.

C'est alors que j'ai senti que mon corps de jeune fille était sous la menace de dangers que je ne savais pas encore bien nommer. Surtout, je me disais que si je devais un jour me réfugier auprès de mon père pour qu'il me protège, la police risquerait de débarquer chez nous à tout moment et de me jeter en prison. Je ne pouvais pas me défaire du sentiment d'être nulle part en sécurité dans mon pays.

Parfois je rêvais d'un regard plus féminin sur les textes religieux et les lois coraniques qui ont inspiré certains articles de la Constitution marocaine, antérieure au protectorat. Combien alors nos vies de mères et de femmes seraient différentes aujourd'hui, car nos enfants n'auraient plus à souffrir des interdits religieux.

Le Maroc de mon enfance ne comptait aucune femme dans les instances du pouvoir. Au moment où j'écris ces lignes, le gouvernement marocain, fraîchement nommé, compte sept femmes sur vingt-quatre ministres. Les choses avancent doucement.

Si indépendante depuis mon plus jeune âge, ayant hérité de mon père un esprit de rébellion, habitée par un grand désir de liberté, je ne me voyais pas vivre sous ce régime de contrainte, dans ce pays. Je serais morte à petit feu, privée de tous mes rêves, enfermée dans une prison mentale. Mes futurs enfants auraient subi le même sort, ils seraient devenus eux aussi machistes ou violents à l'égard des femmes. Une abomination à laquelle je ne pouvais me résoudre ! J'avais dans l'idée que mon pays était pétrifié dans cette violence et cette maltraitance à l'égard des femmes comme dans un bloc de granit inamovible. Je voulais partir.

Dans mon enfance j'allais souvent au centre culturel français, à Casablanca, pour lire, me cultiver, m'imprégner de la culture des Lumières de ce pays et de sa Déclaration universelle des Droits de l'Homme et du Citoyen de 1789.

L'indépendance n'avait pas coupé les ponts avec l'ancienne présence coloniale. À l'école, on apprenait l'arabe et la langue française. Mon père avait combattu l'occupant et j'étais pourtant attirée par la France. J'ai vécu dans ce paradoxe. Mais ce qui impressionnait le plus mon esprit d'adolescente, c'était la découverte des fondements de la République française : « Liberté, Égalité, Fraternité. » Cette devise me fascinait et me faisait rêver. Les femmes en France semblaient vivre à l'écart de la domination religieuse. Elles s'habillaient comme elles le voulaient, elles travaillaient et gagnaient leur argent, elles riaient aux terrasses des cafés, elles avaient des amants, je découvrais leur vie dans les magazines.

Alors que j'achevais ma maîtrise en biologie moléculaire et cellulaire au début de l'année 1989, la question de mon futur s'est imposée à moi : il fallait que je me décide, je ne pouvais plus reculer…

Deux éléments ont motivé mon choix. Le premier, c'est que je souhaitais préparer un doctorat dans ce même domaine, un cursus qui n'existait pas dans les universités marocaines. Le second, comme je l'ai expliqué, c'est que jamais je n'aurais supporté de passer mes jours sous l'autorité d'un maître, selon le code de la famille marocaine : un homme malveillant, aveuglé par les réflexes de la domination masculine, qui m'aurait empêchée de vivre librement. Cela devenait une évidence : je devais quitter mon pays.

Il fallait que je l'annonce à ma famille, en premier lieu à mon père.

On s'est retrouvés tous les deux en tête à tête dans le grand salon de la maison où il avait l'habitude de se détendre. Je me suis assise par terre en face de lui. Je voulais qu'il comprenne que mon avenir se trouvait entre ses mains, lui signifier mon respect et mon désir d'une autre vie. Un peu embarrassée mais bien décidée, je lui ai annoncé que je souhaitais tenter ma chance en France. Mon père m'a demandé si c'était juste un au revoir ou encore un adieu… Sans baisser le regard, je lui ai répondu que je désirais m'installer là-bas pour construire ma vie de femme, et lui ai expliqué mes raisons : mon désir de vivre pleinement sans le poids des traditions marocaines qui font que j'étouffais ici.

Il m'a regardée avec des yeux surpris. Je me souviens encore de son expression interrogative :

à la fois heureux de me voir prendre mon envol et triste que je quitte ma famille, et surtout ce pays pour lequel il s'était battu et qui pleurait encore ses résistants morts.

Mon père s'était sacrifié pour libérer le Maroc de l'occupant, et moi j'allais me jeter dans les bras d'un ancien ennemi. Il considérait mon départ comme une trahison.

Je comprenais sa réaction, mais je refusais de me sentir coupable. Pour ma défense je lui ai répondu que justement j'honorais dans ce geste cette liberté tant chérie, pour laquelle lui et ses camarades résistants avaient combattu. La résistance finalement devait maintenant gagner le rang des femmes marocaines : nous étions si corsetées entre les mains des hommes, prisonnières de leur incapacité à réviser en profondeur leur relation autoritaire à l'autre. Je ne voulais pas vivre comme une esclave, mais découvrir le vaste monde, connaître l'amour dans des bras bienveillants. Je désirais surtout que mes futurs enfants puissent grandir dans un pays libéré du poids des traditions religieuses et accéder à une éducation leur permettant de se forger un esprit critique.

De façon presque obsessionnelle, je répétais à mon père les trois mots magiques au fondement de la République française, qu'il balayait en me disant que ces valeurs avaient fait cruellement défaut à l'occupant au temps du protectorat.

Malgré sa déception, il m'a écoutée avec attention, et rien que pour cela il a toute ma gratitude et ma reconnaissance éternelle.

Mon père a compris aussi que je ne reviendrais pas sur ma décision. Ce n'était pas un simple au revoir, mais bel et bien un adieu à Casablanca.

Finalement il m'a dit : « Trace ta route, ma fille, ne te laisse jamais dominer par qui que ce soit. » Je l'ai remercié pour sa compréhension, puis il a ajouté cette phrase que je ne peux oublier : « Surtout ne me ramène pas un croisé à la maison. »

Cette objection faisait bien sûr référence aux croisades de l'envahisseur français, elle résumait toutes les tensions et les contradictions de notre histoire familiale : notre désir de liberté enchaîné aux blessures du passé.

Je lui ai dit qu'il était un très bon père, un homme de parole, ce qui comptait le plus à mes yeux.

Peu après, alors que je me trouvais sur le campus universitaire à Fès, j'ai vécu une déplorable expérience avec des étudiants membres des Frères musulmans : une police des mœurs qui semait la terreur et vérifiait si nos comportements étaient bien conformes à leurs règles religieuses. Ce jour-là, je m'étais habillée d'une jolie robe noire, dévoilant mes genoux, des mocassins rouges en daim aux pieds, la bouche et les yeux légèrement maquillés, j'avais les cheveux courts et bouclés.

Je me trouvais très belle. Un peu trop sans doute… Alors que je marchais sur la route en direction des bâtiments de l'université, j'ai croisé ce groupe de fanatiques. Ils m'ont alors agressée verbalement, me reprochant ma tenue trop courte à leur goût. Je préfère taire ici leurs insultes et leurs paroles humiliantes. Cette violente altercation prouvait une fois de plus que je n'avais aucun avenir dans mon pays.

Avant de partir, j'ai traversé le boulevard qui porte le nom de ma famille, Mustapha El Maani, en mémoire de la résistance. Je me suis promenée dans les rues de Casablanca. J'ai acheté sur le marché aux puces une jupe courte en jean.

Je suis allée saluer l'océan.

Puis, de retour à la maison, j'ai bouclé mes valises. Ma mère m'a serrée très fort dans ses bras. J'ai embrassé mes sœurs et mes frères, j'ai retenu mes larmes, j'étais soulagée de partir, mais c'était aussi très douloureux de quitter le pays où j'avais grandi. J'abandonnais mes proches, ma grande amie Sakina, que j'avais rencontrée au lycée et qui, elle, rêvait d'un beau mariage à Casablanca. Je ne verrais plus le bleu de la mer, je ne sentirais plus les épices sur le marché, je ne partagerais plus des moments privilégiés avec mes amies d'enfance ; une crêpe au centre-ville, ou un jus de fruits fraîchement pressés sur la corniche. Une page se tournait, je me sentais déchirée à l'intérieur de moi.

C'était la première fois que je quittais le Maroc. J'avais soif d'aventures et de nouveaux décors. Je souhaitais vivre pleinement ce voyage, prendre le temps pour rejoindre cette nouvelle terre. Alors, au lieu de m'évader par les airs, j'ai pris le bateau à Tanger, et traversé le détroit de Gibraltar.

Débarquée à Algésiras, en Espagne, je me suis isolée dans un coin discret et j'ai enfilé la jupe courte que j'avais achetée quelques jours auparavant. J'ai rangé mes vieux habits dans mon sac. Je me suis maquillée, j'ai mis du rouge à lèvres. Puis je suis montée dans le train, j'ai longé la côte jusqu'en France, les yeux rivés à la fenêtre du wagon à la découverte de ces paysages inconnus, écoutant les conversations autour de moi. Une autre vie commençait.

– 2 –

Au début de l'amour

J'ai rencontré Rali en 1991 sur le campus universitaire de Talence, situé en périphérie de Bordeaux. Il étudie les mathématiques et moi, l'œnologie, le vin représentant pour moi l'étendard le plus fameux de cette culture française tant fantasmée pendant mon adolescence marocaine : les bouquets de saveurs, la composition géologique des terroirs et la chimie des parfums.

Rali est un homme charmant, attentionné. Nous tombons amoureux.

Comme les autres étudiants de notre âge, on aime sortir, faire la fête, danser en boîte jusqu'à l'aube. Vivre et s'aimer en toute insouciance. Comme dans la chanson de Françoise Hardy : « C'est le temps de l'amour, le temps des copains et de l'aventure… » Nous visitons les vignobles du Bordelais, de la Bourgogne et des Pays de la Loire.

Nous dégustons ces crus que nous aimons pour leur complexité à l'image de la vie, à la fois pleins de caractère, doux, soyeux, nuancés, changeants.

La vie étudiante offre de nombreuses opportunités de rencontres, le campus accueille des étudiants aux origines très diverses, pas seulement les jeunes vivant sur le territoire français depuis de nombreuses générations. Ces vies d'ailleurs, venues de tous les horizons, me tendent les bras, et je suis venue ici justement pour les découvrir. Pourtant je refuse ces rencontres, je détourne la tête, je ne me sens pas à l'aise. Presque par instinct, je me dirige vers mes compatriotes de la communauté marocaine : Rali est en effet originaire de Fès, d'une famille elle aussi plutôt tolérante, qui pratique la religion loin du fondamentalisme.

Avec le recul, je comprends que je me suis interdit pendant ces années étudiantes toute autre opportunité de rencontre par respect pour mon père. Je ne sais de quelle façon il aurait réagi si j'étais revenue à Casablanca, dans la maison familiale, au bras d'un « croisé », pour reprendre son expression. Je pense qu'il aurait été très contrarié.

Assez vite je remarque que les portes devant moi ne s'ouvrent pas facilement. Par un effet mécanique, sans doute, je me suis réfugiée auprès des communautés qui vivent cette même situation, des garçons et des filles d'Afrique du Nord. Même si aujourd'hui je me sens assez bien intégrée en France, il n'est pas facile de se faire accepter sur un territoire quand on vient d'ailleurs. On reproche souvent aux personnes d'origine étrangère leur repli communautaire, de s'enfermer dans un même quartier comme dans leurs habitudes culturelles. Je ne suis pas sociologue, mais j'ai pu remarquer à mon arrivée en France nombre de préjugés et de clichés chez mes interlocuteurs de mon pays d'accueil.

Je perçois, lors de conversations sur le campus ou en ville, que mes origines constituent une menace. Le climat de méfiance à l'égard des populations musulmanes s'installe durablement à mesure que se multiplient les attentats islamistes dans le monde. Il faut toujours se souvenir que l'objectif premier des terroristes islamistes est justement de diviser les populations, de fracturer les sociétés occidentales pour les mener à la guerre civile.

À cette période, je fais la connaissance de Jeanne, dont les grands-parents ont vécu au Maroc à l'époque du protectorat. Tout naturellement, je lui dévoile mon histoire familiale, le combat de mon père pour libérer son pays. Selon cette jeune femme, mon père n'a pas été un résistant comme je le prétends, mais un terroriste, car il a porté des armes et usé de la force. Cette affirmation me choque et me blesse, elle m'enferme aussitôt dans le camp des criminels de l'Histoire qui font encore aujourd'hui les gros titres des journaux.

Cette parole ignorante de la réalité des souffrances des peuples autochtones en période d'occupation est la preuve qu'une partie de la population française, dans les années 1990, reste nostalgique du temps de la colonisation. À entendre aujourd'hui les débats crispés sur les blessures de la colonisation et le travail de mémoire indispensable, on sent que cette question travaille toujours douloureusement l'opinion publique. Il n'est jamais bon de laisser ces déchirures de l'Histoire s'infecter, il n'est jamais bon d'attiser les colères à des fins bassement électoralistes. Nous sommes citoyens de la planète, et nos différences valent bien mieux que cela. Elles éclairent notre humanité, elles nous apprennent à regarder le monde dans sa diversité, à imaginer des alliances, à inventer un commun pour le futur.

Au fil du temps et des conversations, de guerre lasse, j'ai préféré me taire au sujet de mon passé, car devoir sans cesse me justifier face au discours hostile des personnes que je rencontre n'est pas tenable.

*

* *

Ces déceptions me font mûrir, je me concentre davantage sur ma vie amoureuse, mes études, pour me construire une place dans mon pays d'accueil. Il nous faut déménager. Rali et moi faisons nos valises et quittons Bordeaux en 1993 pour la région parisienne. Nous trouvons un logement dans une résidence universitaire aux Ulis, en périphérie de l'université d'Orsay où nous poursuivons nos études, une ville classée « zone sensible », composée de nombreux logements sociaux ou vivent des communautés d'origine étrangère. L'endroit est un peu hostile. Nous sommes boursiers tous les deux et complétons nos revenus de petits boulots en plus de nos études. Tandis que Rali travaille comme veilleur de nuit dans des hôtels, je m'occupe de personnes âgées. Malgré ces journées bien remplies, on s'en sort, l'amour et la jeunesse nous donnent des ailes.

Rali est inscrit en doctorat de mathématiques appliquées à l'université d'Orsay. Je rédige également une thèse, dans le domaine de la biologie moléculaire.

Nous nous marions en mars 1994 à Casablanca. Mon père est ivre de joie et rassuré de me voir épouser un Marocain d'une bonne famille selon ses critères. Il nous offre un mariage somptueux qui réunit deux cents invités, une cérémonie qu'il organise lui-même avec un grand soin, recrutant un orchestre et un traiteur. Pendant les festivités, je change sept fois de tenue. Le grand jeu ! Merci encore, mon cher papa, pour cette fête de mariage inoubliable.

Au mois d'avril de l'année suivante, Taha vient au monde. Je le vois grandir, je découvre peu à peu son caractère, un être se forge devant nos yeux, avec toutes ses aspérités et ses potentialités. Ce spectacle est une chose merveilleuse, il interroge mon rôle de mère et d'éducatrice. Quand j'imagine Taha dans les prochaines années, je voudrais le meilleur pour lui, lui donner toutes les chances de s'épanouir dans l'amour, l'éveiller à toutes les beautés du monde et à tous les savoirs. Être maman, c'est un peu aussi croire à l'utopie.

Entre les études doctorales, les nuits entrecoupées par les biberons, les petits boulots, nous sommes absorbés, comme tous les jeunes parents. Rali se révèle un papa investi, il participe aux tâches domestiques et se lève la nuit pour consoler Taha quand il lui arrive de se réveiller en pleurs.

Début janvier 1999, je suis à nouveau enceinte, la famille va s'agrandir. Je ne connais pas encore le sexe de cet embryon dans mon ventre qui un jour deviendra… chanteur. Secrètement, dans mon for intérieur, j'espère que ce ne sera pas une fille. Non pas que je préfère les garçons. Mais je garde toujours en mémoire mes peurs d'adolescente, quand j'entendais les récits de ces femmes opprimées à Casablanca. C'est tout de même assez fou de redouter d'enfanter une fille par crainte des souffrances qu'elle risque d'endurer au cours de sa vie. Mais telle est mon angoisse à cette époque de ma vie.

Un soir je confie mes peurs à Rali. Il me répond que pour lui peu lui importe d'avoir une fille ou un garçon, c'est Dieu qui choisit de toute façon. Sa réponse me surprend, c'est la première fois que je remarque dans sa conversation une allusion aussi appuyée à la présence divine dans le destin humain. Je n'y prête pas trop attention. Mais, sans le savoir, le spectre de l'obscurantisme se rapproche inexorablement, il rôde autour de notre appartement, il se glisse sous la porte de notre chambre sans faire de bruit, à petits pas.

Rali a rencontré deux couples d'amis sur le campus d'Orsay, des étudiants comme nous, qui préparent eux aussi leur doctorat. Un jour il les invite à dîner, je suis ravie de connaître de nouvelles personnes. Je vais vite déchanter. Les messieurs, qui se présentent en premier, se montrent aimables et pleins de gentillesse au premier abord, leurs épouses souriantes sont toutes deux habillées d'une robe et de manches longues, les pieds cachés dans des chaussettes, les cheveux couverts d'un fichu. Face à ces corps cachés sous des couches de tissu, je me sens presque nue, d'autant qu'il fait chaud ce jour-là et que je suis vêtue d'une tenue légère.

Assez vite dans la conversation, nos invités me demandent si je fais la prière et le ramadan, l'une des épouses remarque avec joie que j'ai choisi pour mon fils un des nombreux prénoms du Prophète… Le malaise grandit. Bientôt leurs échanges pointent les supposées persécutions que subissent les musulmans par des non-croyants.

Le thème de la religion s'immisce dans chacune de leurs paroles. Aucun autre sujet sur la vie de tous les jours n'est abordé, pas même nos travaux de recherche scientifique dans le cadre de nos doctorats ou les articles en cours de rédaction. Les mots « Coran, prière, péché » hantent leur bouche. Une soirée de malaise et d'ennui.

Ces jeunes hommes prônent la séparation des femmes et des hommes dans le cercle familial, une pratique qui n'a jamais eu cours chez nous. Cette séparation entre les sexes laisse entendre que les femmes seraient des tentatrices. Des êtres dont le rôle devrait se limiter au soin des enfants et aux tâches domestiques. On voit ici le détournement de la religion par l'idéologie patriarcale, qui consiste à soumettre les femmes et leur corps au bon vouloir des hommes.

Par quel cheminement de pensée ces personnes en sont venues à adhérer à cette idéologie religieuse et à ses explications fantasques sur la formation de l'Univers en contradiction complète avec les connaissances scientifiques acquises pendant leur cursus universitaire ? Pour moi, cela reste un mystère. Ce comportement en dit long sur les méandres de l'âme humaine, il révèle la part d'absurde qui sommeille en chacun de nous. Et surtout il montre à quel point les esprits les plus rationnels peuvent succomber aux conceptions les plus infondées ou obscures.

Les déjeuners s'enchaînent et j'observe les changements de comportement chez Rali : il cesse d'écouter de la musique, lui qui l'aimait tant, il ne regarde plus la télé, il assiste à des manifestations officielles musulmanes pour écouter des islamologues comme le tristement célèbre Tariq Ramadan, le petit-fils du fondateur des Frères musulmans, Hassan el-Banna. Rali s'enferme, il refuse désormais de m'accompagner en soirée chez nos amis rencontrés à notre arrivée sur le campus, il préfère fréquenter ses nouveaux compagnons ultracroyants dont il partage dorénavant les convictions religieuses. J'étouffe, je meurs.

L'adhésion de Rali aux thèses religieuses traditionalistes semble irréversible. Je suis prise à partie dans ses conversations, je refuse d'y participer. Je suis surtout très inquiète pour Taha et Bilal qui vient de naître. À voir mon mari s'enfoncer dans ses visions rétrogrades, je suis d'autant plus heureuse d'avoir mis au monde un petit frère pour Taha. J'espère qu'ils vont se protéger l'un l'autre et qu'ils seront respectueux de leurs prochains, quels que soient leur sexe ou leur couleur de peau, eux, mes deux garçons nés aux pays des droits de l'homme. Qu'ils sauront résister à la tentation de la domination masculine, si prégnante dans la société, même encore aujourd'hui. Bien sûr, je ne peux pas encore deviner leur futur : le devenir artistique de Bilal, sa sensibilité féminine qui va s'affirmer au fil des années. Et toutes les conséquences que cela aura dans notre vie de famille.

Quand j'ai connu Rali, je savais qu'il avait reçu une éducation religieuse, comme c'est la tradition au Maroc, mais il n'était pas très religieux. Ses parents étaient des pratiquants modérés. Malheureusement, ils n'ont pas appris à leur fils à se méfier des dérives sectaires. Le père de Rali aime boire son petit verre de whisky de temps à autre, même si la consommation d'alcool est normalement interdite par la doctrine religieuse. La conversion de Rali me choque d'autant plus, lui qui bientôt sera docteur en mathématiques.

Rali trouve un emploi d'ingénieur à France Télécom, son bureau se trouve à Issy-les-Moulineaux. Quant à moi je suis recrutée comme consultante en informatique dans une société basée dans cette même ville et où je vais exercer pendant plus de vingt ans. Comme nous gagnons un peu mieux notre vie, je propose à Rali de nous installer hors des Ulis, pensant ainsi l'éloigner de ces idéologues, seule solution à ma disposition pour sauver notre couple. Nous emménageons trente kilomètres plus loin. Ce n'est pas suffisant. Rali demeure sous influence.

Je me sens impuissante face à ce naufrage. Sans méthode ni outils, je ne peux lutter contre cet endoctrinement. C'est une force d'attraction aveugle, glaçante, irréversible. Rali s'éloigne de plus en plus de notre réalité commune, il perd son sourire, son insouciance, nos disputes deviennent quotidiennes, je ne reconnais plus l'homme que j'ai aimé. Ou alors il faudrait que je fasse mine de partager ses nouvelles croyances pour espérer ensuite le changer en lui montrant les dangers que son idéologie risque d'entraîner pour son entourage. Cette stratégie me paraît perdue d'avance et je n'en ai pas la force.

Dans un ultime sursaut, je tente de le raisonner, mais il prétend avoir enfin trouvé la Voie. Tout s'est éclairci dans sa vie, me dit-il. On le dirait comme illuminé. Nos désaccords sur l'éducation des enfants se multiplient. Le soir au coucher, au lieu de leur raconter des contes de fées divertissants pour leur imagination, il leur lit des passages du Coran prédisant aux infidèles qui n'obéissent pas à Dieu la mort par le feu des enfers. Un climat de tension permanente s'installe entre nous.

Pendant cette période trouble, je reçois la visite d'un groupe de femmes sans doute envoyées par leurs maris extrémistes. Bilal a deux ans, je le porte dans mes bras. Taha, lui, joue tranquillement dans le salon. L'une de ces fanatiques commence à m'expliquer les bienfaits de la polygamie. Selon elle, les hommes auraient des besoins sexuels à assouvir bien supérieurs à ceux des femmes. Cherche-t-elle à me faire comprendre que je dois accepter que Rali la prenne comme seconde épouse ? Je lui réponds que dans mon couple je suis plutôt celle qui initie l'acte amoureux. Le désir n'est pas l'apanage du sexe masculin, c'est une question de personne, d'environnement culturel aussi. Elle me dit que je suis possédée par le diable et que je dois me sortir de ses griffes.

Pendant qu'elle poursuit son discours de propagande, Bilal se penche et lui touche les cheveux. Il arrange sa chevelure, il est comme émerveillé par ses reflets et son aspect soyeux, puis il s'endort sur mon épaule. Le geste tendre et plein de douceur de Bilal en opposition à la violence émotionnelle que je subissais me tire un sourire et me redonne du baume au cœur pour m'accrocher à mes convictions.

Un soir, Rali me demande d'arrêter de travailler pour m'occuper exclusivement de « ses » enfants et de sa personne, une demande à l'opposé de mes désirs et de la manière dont j'entends mener ma vie. Dans son raisonnement, nos enfants n'étaient plus les miens, il en était le seul maître et géniteur.

Tout cela me renvoie d'un coup à mon passé au Maroc : le monstre du patriarcat avec ses privations et sa forme autoritaire que j'avais fui me poursuit maintenant chez moi, dans ma chambre, dans mon lit. J'ai quitté le Maroc pour vivre en toute liberté, il m'est impossible de retourner en arrière. Je lui réponds que je respecte le cadre qu'il souhaite désormais donner à sa vie, mais qu'il lui faut trouver une autre femme pour l'accompagner vers ce destin.

Rali comprend que nos routes se séparent ici.

Malgré le poids de ses convictions religieuses, il a gardé son intelligence et sa gentillesse : il accepte le divorce sans heurt. C'est un moment déchirant pour nous deux. Dans un sens, cette décision nous protège tous les deux.

Une question cruciale se pose désormais : comment élever Taha et Bilal sans nuire à leur éducation alors que nous, leurs père et mère, avons fait des choix de vie si contraires ? Comment préserver à l'avenir leur libre arbitre, loin de l'idéologie religieuse ? Une autre bataille vient de commencer…

Le chemin vers ma liberté de femme et de mère s'annonce bien long. Les chaînes de mon passé m'entravent encore, elles ouvrent une plaie, me font saigner. Je n'ai plus qu'une idée en tête : garder mon énergie et ma liberté pour mes enfants.

– 3 –

Retour au pays natal

Au moment de notre séparation, Taha a sept ans, Bilal, quatre ans et demi de moins. Taha a toujours pris soin de son frère sans jamais l'écraser, comme peuvent le faire parfois les aînés. Leur entente a été immédiate. Ce lien n'a cessé de s'affirmer et de s'enrichir au cours des années. Taha aime jouer au foot et aux petites voitures, courir dans la nature avec ses copains, bref il apprécie tous les jeux généralement attribués aux garçons, conformément aux usages sociaux. Bilal, lui, joue à la poupée, il entoure sa tête de longs tissus pour figurer la chevelure de Pocahontas, son idole du moment découverte dans le film de Walt Disney. Il affiche un naturel joyeux, aime se mettre en scène et s'inventer des personnages pour amuser son entourage, et je comprends assez vite que ses goûts et ses manières ne sont pas ceux que la société attend d'un garçon.

Lorsque cette différence m'est apparue, il ne m'est jamais venu à l'idée de vouloir la réprimer ou d'imposer à Bilal des ordres ou des contraintes pour le faire ressembler à l'archétype d'un garçon tel que l'entend notre société hétéronormée : les garçons font la guerre et les filles jouent à la poupée ou à la dînette. Bilal n'a jamais aimé les jeux guerriers. D'ailleurs, je l'appelle « mon bébé pacifiste ». Je le remarque dès les premiers jours après sa naissance. Très vite il dort des nuits complètes. Quand je vais le réveiller dans son petit lit, il ouvre les yeux et me sourit. Plus tard, même quand il tombe malade, il continue de sourire. Tout comme Taha, c'est un enfant sensible. Alors, aujourd'hui, quand il se fait agresser sur les réseaux sociaux et que son expression de joie disparaît de son visage, mon cœur de mère se déchire. Je suis en panique.

Je comprends aussi que Bilal est un enfant animé d'une sensibilité artistique. Dès qu'il commence à marcher et à parler, il se met à chanter et à se mettre en scène. Bientôt, il me dira qu'il veut chanter et marquer les gens pour les émouvoir. Je ne sais pas d'où lui vient ce désir. C'est le mystère de la vie, quelque chose qui nous échappe.

Ma philosophie en matière d'éducation a toujours été bien claire dans mon esprit. Elle vient sans doute de ma formation scientifique : lorsque je passais mon doctorat en biologie moléculaire, il s'agissait d'observer la matière et de l'interroger par une méthode rationnelle. Les enfants naissent avec certains éléments innés et grandissent en interaction avec leur environnement, comme le font les cellules au niveau microscopique. C'est pourquoi sans doute les humains sont interdépendants d'un point de vue relationnel et social. Et c'est pourquoi aussi j'ai pensé qu'il fallait laisser les enfants s'épanouir, développer leurs talents et ressources, laisser leur personnalité naturelle se modeler en leur offrant un environnement plein d'amour, ouvert sur la diversité du monde et des connaissances, et non les exposer trop jeunes à des idéologies, religieuses ou autres, au risque de voir leur imaginaire se réduire, la confiance en eux vaciller.

Il y a des questions auxquelles les religions n'ont jamais su répondre, comme celle de l'homosexualité. Si une personne aime une autre personne du même sexe, en quoi ce désir constitue-t-il une menace pour l'humanité ? Se contenter de clamer que c'est « contre-nature », non conforme à la volonté de Dieu, condamner à défaut de comprendre…

Laissons d'abord nos enfants découvrir le monde et ses beautés. Une fois atteint l'âge adulte, libre à eux de choisir leur système de croyances.

Comme tout parent à l'épreuve d'une rupture amoureuse, ma grande préoccupation est de tout faire pour tenir mes deux petits éloignés de nos conflits d'adultes. Faire bonne figure, me réveiller le matin avec le sourire. Même si au fond de moi la colère gronde, je m'efforce de cacher mes tourments du mieux que je peux. Parents divorcés, vous avez tous connu ce terrible moment de l'annonce de la rupture. Quels mots choisir ? Je m'en souviens bien, j'ai dit le plus simplement du monde : « Papa et maman vont se séparer. Papa va aller vivre dans une autre maison juste à côté. Vous allez le voir très souvent. »

Un silence, puis ces paroles de Taha : « Moi, je partirai avec papa, comme ça il ne sera pas tout seul. »

En y repensant aujourd'hui, j'en ai encore des frissons. Mais cela montrait justement la personnalité naturelle de Taha, qui aime volontiers prendre soin des autres. Au fil des années, cette faculté va se développer, notamment auprès de son frère Bilal. Taha saura le protéger et lui prodiguer les bons conseils dans bien des circonstances, comme ce fut le cas le jour de notre départ pour Tel-Aviv.

À cette période, je suis surtout préoccupée par l'influence néfaste que pourrait exercer le père de mes enfants à travers ses croyances religieuses. Je suis encore très amoureuse de lui et j'essaie de rester le plus lucide possible. Alors même si je sais que Rali est un homme bon et un père présent, qui ne fuit pas ses responsabilités, je n'ignore pas non plus que les croyances religieuses rendent parfois aveugle. Au nom de la religion, Rali va-t-il brimer Bilal, vouloir le changer et mettre à mal sa différence ? Je décide de me battre pour obtenir le droit de garde.

Mais cette peur d'un endoctrinement durera assez longtemps.

Nous surgissons dans le monde au cœur de familles dont nous passons parfois notre vie à nous affranchir.

Sources de névrose, de bonheur, de souffrance… C'est le modèle de la famille patriarcale qui domine la plupart de nos cultures et de nos organisations sociales. La famille ? Le thème sans doute le plus partagé dans la littérature ou le cinéma. Elle fera encore couler beaucoup d'encre et de sang. Pour moi, la famille doit être un lieu de protection et d'acceptation de la différence. Sinon, comment se construire si les ennemis se trouvent à l'intérieur de son propre clan ? Cette culture de la tolérance me vient de mon père, homme fier et très simple. Il était fonctionnaire à la préfecture, il faisait bouillir la marmite, ma mère étant femme au foyer pour élever leurs sept enfants.

Je me souviens qu'il avait interdit à mes frères de nous asservir aux tâches domestiques comme le font généralement les garçons dans les autres familles. Car il est dans la tradition au Maroc que les filles s'occupent de la maison, et les hommes, eux… je ne sais pas : ils mangent, jouent aux cartes et parfois ils s'attellent aux travaux d'entretien. Dans ce schéma, les femmes sont un peu des subalternes. Pour mon père, nous, ses quatre filles, étions des joyaux, des êtres presque sacrés à ses yeux.

La moindre violence à notre égard de la part de l'un de nos frères était aussitôt durement punie. Il ne plaisantait pas avec ce sujet, il était intraitable. Il répétait souvent à mes trois frères que nous n'étions pas leurs bonnes à tout faire.

Et non seulement il nous protégeait, mais il s'occupait de nous comme une seconde mère : le matin, il préparait le petit déjeuner, il nous habillait et nous coiffait – certes pas toujours avec le meilleur effet, disons qu'il avait son style ! Puis il nous conduisait à l'école. Tout cela sans doute aussi pour décharger ma mère de cette responsabilité, car elle était fort occupée par ailleurs. Ce geste paternel n'était pas courant dans les autres foyers et, à vrai dire, il faisait figure d'exception. Le soin que mon père me prodiguait m'a valorisée et construite. Je pense que ce sentiment est partagé par mes trois sœurs.

J'ai puisé dans cette relation un exemple pour élever mes enfants, mais aussi des valeurs, et développé une force de caractère : liberté, égalité entre les sexes, droit à la différence.

Mon père m'a également aidée à développer un esprit critique à l'égard de la religion si prégnante dans la société marocaine. Il m'a invitée à lire le Coran à l'âge de quatorze ans pour que je me fasse ma propre idée des textes religieux, plutôt que d'être influencée par celle des penseurs de la doctrine et des exégètes. Il voulait ainsi me protéger des interprétations un peu trop orientées, car bien entendu on peut donner de multiples sens à un texte, parfois même contraires à la pensée originale, selon la traduction que l'on fait de tel ou tel terme. La lecture des textes religieux est une affaire politique. Ceux-ci sont souvent instrumentalisés par des personnes cherchant à asseoir leur pouvoir. Mon père, lui, m'encourageait à découvrir l'existence de Dieu avec ma sensibilité, mes yeux de jeune fille, à rester libre dans mon jugement. Il me disait : « Je ne veux pas que quelqu'un d'autre que toi te raconte la religion. » Là encore, c'est une belle leçon d'indépendance d'esprit que m'a inculquée mon père. J'ai eu ma période croyante, je faisais mes cinq prières par jour, respectais le jeûne du ramadan. J'ai pu instaurer un lien d'intimité personnel au divin, loin des écoles de prêcheurs au discours illuminé.

J'ai pu aussi établir des liens de causalité entre les pressions religieuses issues de ces lectures orientées et la disparition de certaines personnes pendant mon adolescence à Casablanca. J'ai déjà évoqué les cas de morts inexpliquées dont j'entendais parler, enfant. Il y avait celles de femmes sans doute maltraitées, mais aussi d'hommes qui avaient une très belle vie en apparence : ils avaient réussi dans leur métier, vivaient dans le confort, entourés de leurs enfants magnifiques, ils voyageaient dans les grandes capitales du monde, ça me faisait rêver. Je me souviens de cette connaissance qui revenait d'un voyage à New York et qui brusquement s'est donné la mort, comme je l'ai appris peu de temps après. Ces hommes semblaient si heureux et pourtant ils se sont coupé les veines, pendus, ou empoisonnés aux somnifères. Pour quelle raison ? Peu à peu, en grandissant, j'ai mené l'enquête et j'ai compris : ces hommes avaient perdu tout espoir de vivre pleinement leur homosexualité au Maroc, ou alors ils avaient été victimes d'un chantage de la part de personnes malveillantes prêtes à les dénoncer. Si leur homosexualité venait à être découverte, ils seraient aussitôt jetés dans la fosse aux lions, ils le savaient, dévorés dans leur propre famille, là où normalement on doit se sentir le plus aimé.

Quand j'ai été en âge de comprendre ces sujets, j'ai commencé à me poser beaucoup de questions. J'ai découvert cette réalité, ces vies cachées, ces amours gays vécues dans la clandestinité. J'ai alors entendu pour la première fois dans les conversations parler de l'homosexualité. Et j'ai aussitôt remarqué que les hommes autour de moi ne pouvaient pas imaginer que l'homosexualité touchait aussi les femmes. Voilà une curieuse ignorance ou un déni proprement masculin. Les femmes, ces êtres fragiles et inférieurs, n'étaient que bonnes à enfanter, point. Par ailleurs, les termes pour décrire ces amours soi-disant licencieuses étaient très violents, cela m'a choquée. Je me souviens de la menace la plus courante entendue dans la bouche des croyants : « Quand deux hommes ont un rapport sexuel, le trône de Dieu tremble tellement Il est mécontent. » J'étais une jeune fille d'une quinzaine d'années quand j'ai entendu cette terrible sentence. Avec mes copines, on en parlait et on savait bien que des personnes du même sexe s'aimaient, cela nous paraissait naturel. Alors je me suis dit que ce fameux trône où s'asseyait Dieu devait trembler très souvent. J'ai commencé à décortiquer ces propos, leur logique et, peu à peu, à pointer leur incohérence. Tout d'abord je me suis dit que les exégètes avaient peut-être mal interprété les paroles sacrées. Puis ensuite, pourquoi Dieu aurait-il introduit ce désir chez les humains, les obligeant à s'interdire ce plaisir par respect de la loi divine et à subir ainsi une terrible souffrance et frustration ? À cela les défenseurs du dogme répondent habituellement que Dieu nous met à l'épreuve en nous soumettant au plaisir illicite de l'amour entre personnes du même sexe, Il veut de cette façon tester notre résistance et nous faire comprendre combien il faut respecter la norme hétérosexuelle. Alors j'ai poussé mon raisonnement encore plus loin et je me suis posé cette seconde question : S'il s'agit de vérifier notre résistance, pourquoi ne nous a-t-Il pas tous créés homosexuels dans un esprit de justice pour que chacun puisse se transfigurer et Lui prouver son accord avec Ses commandements ? Pourquoi a-t-Il créé des personnes heureuses dans leur sexualité hétéro et d'autres obligées de souffrir dans le supposé vice de l'homosexualité ? Cela n'a pas de sens. Voilà ce qui m'a amenée à déconstruire ces dogmes dans lesquels la parole divine est manipulée. Je ne suis pas une spécialiste de la religion ni une historienne des textes sacrés, je ne prétends pas avoir ces compétences. En revanche, je suis un être humain qui vit parmi les humains, et il m'importe que mes enfants et moi puissions nous épanouir dans cette communauté, quelles que soient l'attirance sexuelle de chacun, sa couleur de peau ou son origine.

L'été qui a suivi ma séparation avec Rali, nous sommes allés en vacances à Casablanca. J'ai toujours pensé que mes enfants devaient connaître le pays de leurs ancêtres. Je leur ai expliqué que la culture musulmane était très ancienne et riche, qu'il y avait eu de grandes poétesses comme Al-Khansa, qui vécut vers 610 avant Jésus-Christ, et des princes savants au rang desquels Avicenne, philosophe et médecin, qui s'intéressa aussi à l'astronomie, l'alchimie et la psychologie.

Le 2 août 2002, nous arrivons dans une grande villa en bord de mer que j'ai louée pour la circonstance, à une vingtaine de kilomètres de Casablanca. Sitôt qu'ils prennent possession des lieux et explorent les alentours de la piscine, mes enfants appellent cette villa « la maison de Robinson Crusoé », car c'est une maison de rêve pour eux, avec de nombreux recoins et des endroits secrets, une cabane dans les arbres, une végétation luxuriante, des coquillages le long des sentiers. À l'intérieur de la maison, il y a un grand poster de Che Guevara punaisé sur le mur du salon, une ambiance un peu hippie.

J'ai invité mes frères et mes sœurs à nous rejoindre. L'annonce de mon divorce n'a pas été bien reçue par mes proches dans l'ensemble, car cela n'est pas admis dans la tradition marocaine. Quand j'ai appris au téléphone à mon père que je divorçais, il m'a dit : « Je t'ai éduquée, j'ai payé une partie de tes études, c'est pour que tu sois autonome. Si tu n'es pas heureuse, alors que ton mari aille au diable. » Ma mère, en revanche, ne comprenait pas mon geste. Elle a pris le combiné des mains de mon père et m'a aussitôt demandé si Rali me battait. Je l'ai rassurée en lui disant que non, il n'avait heureusement jamais levé la main sur moi. Mais l'inquiétude instinctive de ma mère montrait combien le fantôme de la violence hantait l'esprit des femmes marocaines.

Dès mon arrivée, je préviens tous les membres de ma famille que Bilal est un enfant un peu différent des autres : il aime jouer à la poupée et arranger ses cheveux pour ressembler à une princesse. Si je surprends la moindre remarque désobligeante à ce sujet, le moindre sarcasme disant que mon fils n'est pas normal, nous repartons aussitôt en France et c'en sera fini de nos relations familiales. On ne mesure jamais assez combien des remarques blessantes peuvent détruire la psyché d'un enfant.

Je pense que mon message – et son caractère non négociable – a été bien entendu, car dans l'ensemble je n'ai jamais eu à me plaindre de reproches des membres de ma famille s'agissant de l'homosexualité de Bilal. Comme je l'ai dit, pour moi une famille idéale doit être un sanctuaire où les enfants se sentent protégés des préjugés, de l'homophobie comme de toute autre attaque malfaisante.

Malheureusement, mon mode de vie dérange : quand je m'isole au fond du jardin pour bronzer en maillot de bain deux-pièces, quand je saute des repas, quand je ne me plie pas à toutes les habitudes familiales contraignantes pour moi pendant ces vacances postrupture où j'ai besoin de recharger mes batteries... Je ne sais plus quelle étincelle met le feu aux poudres, mais une terrible dispute éclate entre nous.

Mes proches ne supportent pas mes échappatoires aux rituels de la famille, d'écouter de la musique qu'ils n'ont pas l'habitude d'entendre, ni de me voir vivre en toute indépendance. Bref, ma liberté leur déplaît, elle que j'ai défendue comme un trésor, au prix d'un divorce difficile, et bien avant, d'un départ déchirant de mon pays natal. Fâchés, mes proches quittent la maison de vacances. Notre dispute a été si violente que mes enfants en gardent encore un souvenir douloureux.

C'est surtout ma mère et mes sœurs qui n'acceptent pas ma façon de vivre. Bien plus tard, j'ai compris que j'étais à cette époque comme un miroir dans lequel se reflétait leur propre soumission. J'étais une femme libre et elles étaient enfermées dans une prison mentale. Elles ne pouvaient donc pas me donner raison. J'ai pris conscience de cela grâce à la thérapie que j'ai entreprise.

Plus jamais je n'ai loué de maison pour nous réunir tous. Ce furent les dernières longues vacances passées en famille à Casablanca. Dès lors je ne retournerais chez mes parents que pour de courts séjours.

– 4 –

L'amour par-delà les croyances

Ma rupture avec Rali est aussi une autre façon de quitter le Maroc et ses traditions religieuses. Comme un second départ, en définitive. Mais à présent, je dois élever mes enfants dont le père est empêtré dans ses croyances religieuses et m'adapter à ma nouvelle vie de maman célibataire.

Même s'il paraît encore impossible de connaître la future orientation sexuelle de Bilal, je sens déjà poindre des difficultés avec son père.

Après notre divorce, je me lance à corps perdu dans ma nouvelle vie. Je me rends compte que je suis encore très amoureuse de Rali, mais broyée à l'intérieur de moi. Il n'empêche, mon désir d'indépendance, d'obtenir enfin mon statut de femme libre et affranchie de toute forme d'autorité est supérieur à mon chagrin. Ce désir me porte, il est mon combustible.

En tant que femme célibataire avec deux enfants et mon seul revenu pour ressources financières – même si je perçois une pension alimentaire de Rali –, je vois mes demandes de location d'un appartement systématiquement rejetées. Je n'ai pas le profil idéal pour les bailleurs, mon salaire est somme toute confortable mais insuffisant. Je ne suis pas rassurante à leurs yeux.

Mais paradoxalement mes revenus se situent au-dessus des barèmes de l'Administration, ce qui m'interdit toute aide sociale. Je loge avec mes enfants dans l'appartement conjugal, mais le propriétaire me demande de partir au motif que le bail est au nom du couple.

Sans solution du côté locatif, je me décide à déposer une demande de crédit dans une banque pour acquérir un deux-pièces de quarante mètres carrés… Mon dossier est accepté. Me voici propriétaire. Nous emménageons dans notre nouveau logement, rue Foucher-Lepelletier, à Issy-les-Moulineaux. J'investis dans des lits superposés que j'installe dans la chambre des enfants. Et moi, je dors sur la banquette convertible dans le salon. Je dois me séparer de mes meubles, faute de place dans mon nouvel appartement. Finalement, c'est aussi une façon de rompre avec le passé et les objets souvenirs d'une époque révolue.

Nous sommes un peu à l'étroit dans ce logement, mais indépendants et heureux. Peu importe si je me suis endettée pour vingt-cinq ans, je n'avais pas vraiment le choix.

Après notre rupture, Rali a quitté le domicile conjugal en septembre 2002 en refusant de me donner son adresse. Le mystère autour de sa nouvelle vie n'est pas de nature à nous rassurer, ni moi ni les enfants. Aurait-il complètement sombré sous la tutelle d'idéologues forcenés ? J'imagine mille scénarios catastrophes.

Le divorce est prononcé le 16 juin 2003 : concernant la garde des enfants, le juge ordonne la résidence habituelle chez moi et un droit de visite et d'hébergement au père.

Alors que je m'efforce de protéger mes fils pendant cette période trouble, mon emploi comme consultante dans une grande entreprise m'oblige à de nombreux déplacements dans toute la France pour rencontrer mes clients. Je me bats, je me démène pour défendre à la fois ma place de femme libre et de mère autonome.

En raison de mes contraintes professionnelles intenses, je n'ai guère le temps de me reposer quand je suis à la maison, car je dois bien sûr prendre soin de mes enfants : Taha a huit ans, Bilal trois ans et demi. Les membres de ma famille étant à Casablanca, je ne peux m'appuyer sur leur aide pour garder les enfants, je dois me contenter de recevoir leur soutien amical au téléphone. En outre, l'absence totale de coopération du père ajoute à ma fatigue et à mon stress.

Survient alors cette soirée du 20 janvier 2004, gravée depuis dans ma mémoire.

Comme à notre habitude, nous préparons le dîner tous les trois ensemble, Taha, Bilal et moi. Un rituel auquel je tiens, car c'est un moment privilégié propre à libérer la parole : en cuisine, les enfants me racontent plus aisément leur journée. Puis, le dîner achevé, je lance une machine de linge, j'aide Taha à faire ses devoirs. Une fois mes fils couchés dans leurs lits superposés, je leur lis une première histoire, puis une seconde, car ce moment de calme et de partage nous repose l'esprit à tous les trois : nous voyageons dans l'imaginaire des écrivains et leurs récits fantastiques, une échappatoire à la dure réalité.

Leurs yeux se ferment, ils rejoignent les bras de Morphée, leurs paupières battent comme les ailes de papillons, les images des rêves viennent les surprendre. Mais pour moi, ce n'est pas encore le moment du repos. Avant de m'étendre sous les draps de mon canapé, je fais la vaisselle, je passe un coup de balai dans la cuisine, j'étends le linge tout juste essoré, je prépare les goûters de mes garçons pour le lendemain. Quand là, soudain, le sol se dérobe sous moi. Prise de vertiges, vidée de mes forces, je dois m'asseoir en urgence pour ne pas m'évanouir. Mais c'est pire encore, j'ai l'impression de me trouver sur le pont d'un navire en pleine tempête, ballottée par des vagues aussi hautes que des montagnes. Je me mets à plat ventre sur le sol, je m'accroche et je rampe centimètre après centimètre jusqu'au salon pour attraper mon téléphone. Pourvu que mes enfants ne se réveillent pas ! S'ils me découvrent dans cet état, ils vont paniquer. Enfin, j'atteins mon but, je compose le numéro du médecin.

Celui-ci m'ausculte et diagnostique un épuisement extrême. Il me donne un arrêt de travail, car j'ai grand besoin de repos. En désespoir de cause, ne sachant à qui confier mes enfants, je demande à Rali de les prendre avec lui, le temps de retrouver des forces et de profiter de bonnes nuits de sommeil. Il accepte… mais à la seule condition que je lui accorde la garde exclusive des garçons : « Tu vois bien que tu es incapable de t'occuper des enfants, me dit-il. Ton travail est trop prenant, tu n'y arriveras pas, ta famille est loin… »

La bataille juridique pour la garde des enfants se déclenche. Je dois redoubler d'efforts et continuer à me battre. Si Rali obtient gain de cause, il ne pourra pas s'empêcher de les immerger dans ses croyances religieuses. Ce sera pour eux fatalement le début d'un endoctrinement, qui risque de les priver de leur liberté de penser, de rétrécir leur imaginaire. Le juge ordonne une enquête sociale en février 2004, au terme de laquelle, un an plus tard, il m'attribue de nouveau la garde des enfants. Je ne publierai pas ici le rapport d'enquête, mais sachez qu'il illustre combien les lois républicaines de mon pays d'accueil garantissent l'équité et l'esprit de justice pour le bien de nos enfants. L'aspect affectif et ludique a pesé dans la balance face à la dimension uniquement éducative que Rali veut transmettre à ses fils. En conséquence de quoi, il a paru souhaitable que Taha et Bilal résident avec moi, leur père conservant un droit de visite et d'hébergement.

Après une longue bataille judiciaire, une enquête sociale, des entretiens avec des psys, c'est une libération !

Pour autant il n'a pas été question pour le juge laïc de porter une appréciation sur la valeur des préceptes religieux de l'éducation paternelle. Pour moi, cette précision donne tout leur sens aux trois mots au fondement de la République : la Liberté, l'Égalité et surtout la Fraternité. À cet instant, je ne me suis jamais sentie aussi protégée et en sécurité dans mon pays d'accueil. Je n'ose pas imaginer quelle aurait été la sentence du juge si notre divorce s'était déroulé au Maroc. Le destin de mes enfants aurait été tout autre, leur horizon certainement moins ouvert à tous les possibles.

Parfois je me remémore ces temps heureux, avant la conversion religieuse de Rali, quand nous écoutions de la musique, les enceintes à fond : Bilal dansait déjà.

Tout au long de ma vie, mes enfants ont vu que j'avais fait le choix de quitter un certain confort social pour simplement défendre mon droit à la liberté, pour continuer la recherche de mon bonheur et de ma vérité. Ces gestes leur ont donné matière à réfléchir et à comprendre qu'on avait aussi le droit de se tromper dans ses choix amoureux et de rectifier ensuite le tir pour sortir de situations problématiques.

En septembre 2005, le père des enfants s'installe à Singapour avec sa seconde femme, Suzanne, née dans cette ville où elle a grandi, musulmane et croyante elle aussi. Il exercera là-bas son métier d'ingénieur en recherche et développement dans une entreprise du secteur des télécoms.

Malgré nos différends, Rali a toujours payé la pension alimentaire, et a toujours pris en charge les enfants pendant les vacances scolaires. Il a été impeccable sur ce point. Pour le reste, les questions d'éducation, c'est une autre histoire…

Désormais les enfants doivent prendre l'avion seuls pour rendre visite à leur père. Douze heures de vol. Heureusement, la compagnie Air France a établi des règles assez strictes pour ces voyages d'enfants non accompagnés par un adulte. L'une de ces règles m'a particulièrement interpellée : les enfants ne sont jamais placés à côté d'un adulte. Et cela pour prévenir d'un danger que les compagnies aériennes doivent désormais prendre en considération : le risque d'agression pédophile, un mal qui sévit dans toutes les couches de la population, comme le révèlent les nombreux scandales qui ont éclaté à travers le monde.

À partir de 2005, chaque fois que mes enfants embarquent dans l'avion, j'ai la boule au ventre. Bien sûr il y a l'inévitable peur d'un crash. Parfois des visions m'assaillent : tous les deux attachés sur leur siège, tête baissée entre les jambes, l'avion en chute libre, les réacteurs en feu… Ces terribles dernières secondes où je vois mes deux petits seuls et sans amour rejoindre les abymes. Les images obsédantes du terrifiant attentat du 11 septembre 2001 survenu quatre ans plus tôt et des avions s'écrasant dans les tours du World Trade Center hantent tous les esprits. Elles nous ont tous fragilisés et continuent à nourrir une psychose étendue à l'ensemble de la planète. Pendant cette période de grand surmenage, j'ai la sensibilité à fleur de peau, je suis plus facilement perméable à ce genre de projection dramatique. Mais je n'ai pas le droit de flancher.

Lorsque l'avion atterrit à Singapour, leur père les réceptionne et m'adresse aussitôt un message. Je peux alors me détendre et passer des nuits de sommeil plus au calme, mais pas complètement… Pendant que les enfants se trouvent à ses côtés, Rali refuse que je les appelle pour prendre de leurs nouvelles. Selon lui, je n'ai aucune raison d'échanger avec eux pendant ces séjours, car j'ai tout loisir de leur parler le reste du temps.

Je ne connais pas bien Suzanne, j'espère qu'elle sera bienveillante avec mes petits.

Dans les premières années de notre séparation, Rali a bien tenté d'influencer nos enfants. Il est incapable de mettre ses croyances de côté, d'attendre que Taha et Bilal grandissent, qu'ils soient armés d'un esprit critique pour aborder les questions religieuses en toute sérénité. J'ai toujours su que mes enfants seraient tôt ou tard confrontés à toutes sortes de dangers : endoctrinement religieux, addiction aux drogues ou à l'alcool, violences racistes… Je devais m'y préparer et affûter mes arguments, en bonne maman pédagogue. Mais je n'avais pas pensé, à leur naissance, que j'aurais à me battre contre leur père.

Lors de ses premiers séjours à Singapour, Bilal avait emporté ses poupées dans ses valises. Il a joué avec devant son père, qui n'a rien dit et surtout ne les a pas touchées. D'ailleurs, s'il avait attaqué mon fils en lui retirant ses précieuses poupées, il savait que ma réaction aurait été terrible. Peut-être a-t-il jugé que ces objets étaient sacrilèges ou chargés de l'esprit du mal, qu'ils dessinaient trop clairement les contours de la sexualité future de Bilal ? Quand j'étais adolescente à Casablanca, le sujet de la sexualité était présenté comme quelque chose de sale ou de problématique. Toutes les personnes de ma génération ont dû subir cette forme de négation, qui a provoqué traumatismes et frustrations.

Dans ces années de leur petite enfance chez leur père, le sujet de la sexualité n'est pas abordé dans les conversations. En revanche, Rali ne se prive pas de clamer que j'irai en enfer si je continue de ne pas respecter les règles du Coran, que je brûlerai vive aux côtés des infidèles. Il décrit mes futures tortures avec un florilège de détails macabres dans ce supposé lieu de châtiments célestes. Ces images d'épouvante terrorisent les enfants.

À leur retour en France, si au cours d'un repas ils me découvrent un verre de vin rouge à la main, ils s'effraient et craignent que je finisse mes jours prématurément, propulsée d'un coup dans les flammes de l'enfer pour y subir une souffrance éternelle. Face à ces réactions apeurées, je prends la mesure de leur traumatisme. Bien sûr, je riposte en leur disant que toutes ces histoires sont inventées de toutes pièces dans le but d'effrayer les gens. Ils me rétorquent qu'elles sont écrites dans le Coran. Je leur réponds avec un trait d'humour : « Extraordinaire, votre père aurait-il une ligne directe avec Dieu ? Car beaucoup de gens cherchent son numéro. À mon avis, Dieu est sur liste rouge. » Ils sont un peu jeunes pour goûter à mon esprit de dérision et surtout sous le choc des prêches de leur père. Ils me répondent qu'on ne doit pas parler de Dieu de cette façon. Je leur demande si leur père peut fournir les preuves de ce qu'il avance ? Là, je marque un point. J'ai l'impression qu'ils vont peut-être réfléchir. Alors j'enfonce le clou dans cette direction, entre humour et dérision. Je leur dis que je préfère me retrouver en enfer en compagnie de personnes joyeuses qui aiment danser sur des musiques de Freddie Mercury et David Bowie, goûter aux bons vins comme les grands chefs cuisiniers, rire à des histoires drôles ou en regardant des dessins animés, plutôt que finir mes jours au paradis avec des gens qui ne savent pas s'amuser.

Ce discours semble trouver un chemin dans leurs pensées, ils me sourient.

Pendant toutes ces années, je combats le prosélytisme de Rali. Au début, mes enfants ne disposent pas d'un téléphone portable, et je reste sans nouvelles pendant les deux mois des grandes vacances à Singapour. Je me ronge les sangs, je n'ai aucune prise, aucun recours, autre que celui de leur raconter à leur retour des récits joyeux et festifs. Pendant ces moments d'angoisse, je prie mon dieu personnel : le dieu des mamans célibataires.

Rali utilisent des termes violents pour décrire les punitions divines de sa doctrine religieuse, et cela me rend furieuse. C'est une atteinte à l'intégrité de leur créativité, leur désir d'appréhender les connaissances humaines, d'aimer les belles choses que nous offre la vie : la seule vraie religion selon moi. Étant donné son comportement que je jugeais néfaste à l'égard des enfants, j'aurais été tout à fait en mesure d'intenter une action en justice à son encontre pour lui retirer son droit de garde. Ce que je me suis refusé de faire, ne souhaitant pas envenimer la situation ou ajouter des tensions supplémentaires.

Comme je vais m'en rendre compte à travers les témoignages de victimes publiés dans la presse, la stratégie des fanatiques religieux consiste à isoler leurs proies et à réduire leur imaginaire à quelques idées simplistes. En réponse à ce risque, dans un élan combatif de survie, je m'efforce d'offrir à mes enfants des activités joyeuses et éducatives : théâtre, cinéma, concert, musée, club de sport. L'apprentissage de la diversité culturelle, et de ses multiples expressions, peut être salvateur pour notre société divisée, qui souvent refuse l'expression de la différence.

Aussi, je garde l'espoir que l'accès à la culture apportera à mes enfants une ouverture d'esprit. De cette façon, mes fils ne pourront plus se passer de cette curiosité d'apprendre. Autre méthode pour nourrir leur imaginaire et échapper à l'emprise de la religion, nous voyageons et découvrons les multiples paysages de la France, comme en Bretagne : promenades au bord de la mer, collecte de coquillages sur la plage. Ces gestes tout simples les rapprochent de la nature, ils en comprennent la beauté. Il y a quelque chose de mystique dans ces paysages. Il n'est pas nécessaire de s'enfermer et de prier des journées entières pour être en lien avec les mystères du cosmos et la sensation d'infini. Ces escapades nous font du bien.

Finalement mes efforts pour les ouvrir à la diversité des richesses du monde ont eu un effet positif. Au fil des années, mes enfants ont acquis leur autonomie intellectuelle à l'égard de la religion.

Ils se sont forgé leur propre opinion à l'épreuve des expériences qu'ils ont vécues. Et d'ailleurs, je n'ai jamais été opposée à ce qu'ils accomplissent certains rites religieux. Pour ma part, j'ai pratiqué le ramadan jusqu'à l'âge de trente ans. Taha et Bilal faisaient le ramadan quand ils séjournaient chez leur père. C'était leur moment de partage à eux, une façon de se retrouver avec lui. Et je crois que cela les amusait. De retour en France, Bilal abandonnait le jeûne. Il arrivait à Taha de le poursuivre quelques jours, puis finalement il l'interrompait.

À propos des interdictions alimentaires prescrites par la religion, Taha ne mange pas de viande de porc. Aussi quand il déguste un petit verre de rosé, on se moque gentiment de lui. Bref, nous avons une relation sereine avec les astreintes religieuses. L'humour est une bonne façon de relativiser nos liens avec ces rituels. Chacun est libre de croire ou de ne pas croire, si l'on se réfère à la devise laïque et républicaine de mon pays d'accueil.

Plus tard, lorsque Bilal a fait son coming out, à l'âge de quatorze ans, mes craintes en tant que mère ont pris une autre tournure. Bilal allait dorénavant devoir affronter le regard des autres dans l'espace public et sur les réseaux sociaux qui allaient transformer le visage des sociétés dans le monde. De nouveaux dangers apparaîtraient bientôt, qui s'annonçaient d'une grande rudesse.

À cette époque, Rali, qui vit toujours à Singapour avec son épouse, apprend la nouvelle via un message sur Facebook de son fils : « Papa, j'ai pas l'impression que je peux tomber amoureux d'une fille… » Comme cela était prévisible, sa réaction ne se fait pas attendre. Il lance à la figure de Bilal les traditionnels arguments que j'ai déjà décrits précédemment : le trône de Dieu se met de nouveau à trembler depuis qu'Il sait que Bilal couche avec des garçons. L'acte homosexuel est puni par Dieu, il devait être vigilant quant à sa décision. Bilal a répondu à son père que cela ne relevait pas d'un choix. Quand je le retrouve le soir après le travail, je remarque la tristesse sur le visage de Bilal, lui d'habitude si joyeux. Les paroles de son père l'ont broyé. Je suis outrée. Je joins Rali au téléphone. Je me place de nouveau sur le terrain du religieux pour en démontrer les incohérences : pourquoi Dieu aurait-Il créé Bilal ainsi, avec son désir pour les garçons ? Et une fois encore j'entends en retour les sempiternels arguments, toujours aussi éculés : la fameuse épreuve infligée à quelques-uns sans que l'on sache pourquoi. C'est un dialogue de sourds. À la suite de cet échange, ils ne se sont pas parlé pendant trois mois, et plus jamais le sujet n'a été abordé.

En avril 2021, Bilal et moi nous trouvons dans un séminaire professionnel à Avignon pour rencontrer des producteurs de musique. Bilal est accompagné de son petit ami, Alexandre. Rali, lui, est de retour en France avec son épouse, et ils sont depuis le mois de janvier de cette même année installés à Avignon. Nous apprenons qu'il est sur la route pour nous retrouver. Alexandre me demande s'il doit se cacher, craignant un scandale une fois que le père de Bilal découvrira leur relation. Je refuse cette stratégie de l'évitement et je l'invite à rester aux côtés de son chéri.

Rali arrive comme prévu et, sans trembler, je fais les présentations. Rali hésite un instant, puis serre la main d'Alexandre en silence. Une nouvelle étape vient d'être franchie : Bilal n'a plus peur de s'afficher au bras d'un garçon devant son père. Une sorte de baptême du feu.

C'est pendant la compétition du concours de l'Eurovision en 2019 que les choses ont commencé à changer du côté de Rali… Comme je l'ai dit précédemment, cette période médiatique voit les violences se multiplier contre Bilal sur les réseaux sociaux. Nous devons affronter une vague de cyberharcèlement d'une brutalité inouïe. Les insultes les plus ordurières, mais aussi les appels au meurtre. Et cela fait des années que je me bats pour protéger mon fils contre l'homophobie et pour son droit à la différence, les forces commencent à me manquer. Cette violence devient insupportable.

Bilal se trouve dans un état psychologique très affaibli, il flotte, au bord de la dépression, ne m'écoute plus. La fatigue de ces années de combat pèse aussi sur mes épaules, je craque. À bout et sans solution, je me tourne vers Rali. Je le contacte et lui demande de s'occuper de son fils, qui est effondré. Je passe outre ma crainte qu'il m'envoie paître, me reproche d'avoir laissé notre fils dépérir dans sa supposée maladie de l'homosexualité. Mais contre toute attente, il se rend disponible pour prendre en charge la détresse de notre fils. Il ne lui fait aucune remarque sur ses tenues dites de femme. Il est même devenu fan de ses musiques et de son jeu de scène, il ne manque aucune de ses prestations télévisées, et va jusqu'à lui donner de précieux conseils de stratégie à propos de tel ou tel concurrent.

Incroyable ! Le père religieux s'est transformé en manager et en coach d'image. Il a fallu que le spectre de la mort et des trolls s'approche de Bilal pour déclencher cette métamorphose. Par son geste et son soutien, Rali a rappelé à son fils qu'il l'aimait. C'est tout ce que Bilal attendait de lui. Depuis ce moment, leur relation s'est apaisée.

Le caractère humain parfois nous surprend agréablement. L'espoir d'un changement demeure, la patience est une alliée. Les circonstances et les drames de la vie offrent aux personnes les plus figées dans leurs croyances des opportunités de révélations et de transformations.

J'en ai fait l'expérience à de nombreuses reprises. J'ai en tête un souvenir qui me donne le sourire… L'un de mes frères, Nadir, lui aussi très croyant, est marié à une Britannique convertie à l'islam. Quand il a rencontré Meghan, en 1992, elle a commencé à s'habiller à l'iranienne, tout en noir. Comme elle refuse la contraception, elle enchaîne les grossesses.

Été 2006. Alors que nous passons quelques jours en vacances avec mes deux garçons chez mes parents à Casablanca, je suis témoin d'une altercation entre mon frère et son épouse. Il y a des bousculades et des échanges d'insultes, ce triste spectacle se déroule sous les yeux de nos enfants. Fidèle à mes principes en matière d'éducation, je fais le reproche à mon frère de cette violence imposée à nos petits. Il m'importe de montrer à Taha et à Bilal mon intransigeance à ce sujet. Mon frère ne supporte pas mes remarques. La dispute nous gagne aussi.

Nous sommes restés fâchés pendant de longues années, presque dix ans. Puis, en 2017, nous nous rendons avec Bilal à Londres, où il doit participer à un concours de chant pour la célèbre émission *X Factor*. Il n'est pas question de séjourner dans la capitale anglaise sans saluer mes nièces et mon frère qui habitent dans cette ville depuis de nombreuses années. Après un si long silence consécutif à notre fâcherie, ils me manquent beaucoup.

Alors, avant d'entamer ce voyage, je le contacte. Et, à ma grande surprise, il m'écoute avec attention. Au téléphone, il refuse que je dépense mes maigres économies dans une chambre d'hôtel londonienne au prix exorbitant, ce serait l'offenser. Londres n'est pas seulement la capitale de la pop-musique, mais l'une des villes les plus chères au monde. Et à cette période, nous sommes désargentés.

Mon frère Nadir nous invite chez lui.

Il n'a pas changé de convictions religieuses, Meghan non plus. Toutes leurs filles portent le voile.

Ces retrouvailles n'enchantent pas Bilal, car il redoute les réactions désobligeantes, il n'a pas oublié les propos de son père au sujet de son homosexualité.

La veille du concours, Meghan prodigue plein de conseils à Bilal, car elle est une fan inconditionnelle de ce télé-crochet de renommée mondiale.

Alors que mon frère me propose de nous conduire sur le lieu de notre audition, Bilal me regarde d'un air inquiet. Je comprends qu'il pense à la tenue qu'il prévoit de porter ce jour-là : perruque rouge, bas résille, haut en cuir noir ! Comment Nadir va-t-il réagir quand il devra le conduire en voiture dans cette tenue ? Le jour J, pendant que mon frère Nadir et son épouse Meghan font leur prière du matin, j'ajuste la perruque sur la tête de Bilal. Je suis dans un état tout aussi fiévreux que mon fils.

Et là, nouvelle surprise… ! Nadir ne bronche pas quand il découvre Bilal dans sa tenue aux allures SM. Au contraire, il ouvre la portière de sa voiture dans un geste honorifique : nous grimpons à l'intérieur, comme si nous étions deux princesses d'un royaume pop.

Une fois le concours terminé, Bilal, ses cousines et ses cousins ont l'autorisation de veiller tard, un moment de fête pour eux, tous réunis. Nous, parents, nous allons nous coucher, laissant nos enfants reproduire les joies et insouciances de notre enfance. Ma réconciliation avec mon frère est depuis ce jour absolue et respectueuse.

Savoir que les barrières peuvent ainsi tomber me redonne de l'espoir. Cela s'est avéré au sein de ma propre famille, mais aussi avec des inconnus que je croyais pourtant très enfermés dans leurs convictions. En 2018, alors que Bilal se prépare pour le tournage d'un clip vidéo, il souhaite pour la première fois se présenter aux téléspectateurs en perruque. C'est la directrice d'une école de make up artistique partenaire qui a été choisie pour superviser la préparation de Bilal. Je suis très inquiète, car cette femme musulmane est croyante et pratiquante. Là encore, je crains une mauvaise réaction…

Le jour du tournage, pendant que l'une de ses élèves coiffe et maquille Bilal, elle ne tarit pas d'éloges à son égard. Elle tourne autour de lui, les yeux illuminés d'amour, elle me dit : « Amina, regarde comme il est beau ton fils, cette chevelure et cette tenue lui vont si bien. »

Alors oui, l'amour existe par-delà nos croyances.

II

École, libère-toi de tes préjugés

– 5 –

Le tribunal des lâches

Tous les parents le savent, c'est un spectacle tout à la fois réjouissant et étrange de voir nos enfants grandir et leur personnalité s'affirmer.

Alors qu'au sein d'une cellule familiale tous les enfants reçoivent en général la même éducation, chacun d'eux pourtant réagit à sa façon et développe une personnalité qui lui est propre. C'est le grand mystère de la psyché humaine, sa dimension plastique et imprévisible, mélange d'acquis et d'innés.

Malgré leurs tempéraments différents, je remarque cependant des valeurs communes : la tolérance face à la différence, l'ouverture au monde, la curiosité. Nous, les parents, avons un rôle capital à jouer dans la transmission de ces valeurs apprises auprès de nos aînés ou à l'école, à travers nos lectures ou nos expériences individuelles.

Je pense à la tolérance ou au respect d'autrui, inscrits dans la déclaration des droits de l'homme. Ces valeurs peuvent paraître clichés au premier abord, elles sont pourtant un trait d'union entre les communautés humaines et peuvent être partagées par le plus grand nombre d'entre nous. C'est notre savoir commun.

Il me semble que j'ai remporté en partie le combat pour la transmission de ces valeurs auprès de mes enfants. J'ai dû me battre pour leur liberté, notamment contre une certaine idéologie religieuse et ses projections intolérantes.

Alors que mes deux garçons entrent dans l'adolescence, je constate avec bonheur que leur complicité n'a cessé de s'affirmer au fil des années, malgré leurs comportements opposés : Taha aime les jeux vidéo et jouer au foot avec ses copains, il lit des mangas, se passionne pour le jeu de go. Bilal préfère lire des magazines destinés généralement à un public féminin, il s'intéresse à la beauté et à la mode.

Enfant, il me tire la main dans les magasins de jouets pour aller au rayon des poupées Barbie, il regarde à la télévision le dessin animé *Raiponce*, l'histoire d'une belle jeune fille à la chevelure de vingt mètres de long. Quand il imite les gestes de Pocahontas, l'héroïne de la légende amérindienne adaptée par les studios Disney, il balance la tête comme elle pour se recoiffer, en répétant cette phrase : « J'ai les cheveux au vent. »

À ce même âge, Taha, lui, s'intéresse aux robots, qu'il met en scène dans des batailles intergalactiques, ou alors il construit des villages de Playmobil. Tous ces jeux répondent à des catégories de genre bien établi. Mais ce qui les rassemble, c'est leur amour pour la musique. Taha a l'oreille absolue. Il a appris le violon et le piano au conservatoire, tout en jouant au tennis pendant ses loisirs. Bilal, lui, n'a pratiqué aucun sport, excepté à l'école où cette activité est obligatoire.

Heureusement aujourd'hui ces classifications hétéronormées commencent à s'adapter aux nouvelles réalités sociales qui s'expriment parmi les jeunes générations. On sort peu à peu de la binarité classique qui oppose les garçons aux filles. Si les frontières persistent, elles sont beaucoup plus perméables, les uns empruntant aux autres. Par exemple, on reconnaît aux garçons le droit de jouer à la poupée, de coudre, sans être stigmatisés pour autant et, inversement, les filles peuvent aimer les jeux de combat ou les jeux vidéo comme les courses de formule 1, jusqu'alors réservés aux garçons. Elles peuvent aussi pratiquer des sports qui étaient auparavant jugés trop virils pour elles.

Les spécialistes des comportements sociaux et les psychologues ont remarqué une corrélation entre la violence manifestée par les garçons et leur usage des jeux guerriers auxquels ils ont été cantonnés pendant longtemps. Comme si finalement cette violence se reproduisait au fil des générations en raison de facteurs culturels et d'une hiérarchisation des genres dans l'organisation des sociétés.

Je ne voulais pas que Taha agisse comme un hétéro classique, qui se retourne facilement dans la rue pour regarder une fille passer. J'avais peur qu'il reproduise les gestes traditionnels de cette culture masculine qui autorise certains garçons à siffler une fille dans l'espace public, allant même parfois jusqu'à l'insulter si celle-ci refuse de lui répondre. J'ai donc observé les comportements de mon fils aîné, prête à intervenir auprès de lui à la moindre déviance, au moindre geste déplacé de sa part à l'égard des personnes du sexe opposé.

Cette violence masculine si souvent observée au quotidien s'exerce de multiples façons, et gare à celles ou ceux qui la dénoncent à juste titre : les tenants du vieux modèle patriarcal, si effrayés à l'idée de perdre leur pouvoir dominant, auront vite fait de les traiter de féministes extrémistes, voire de « fémi-nazis », l'insulte suprême.

En tant que mère, ma grande crainte serait de voir Taha sombrer dans ces travers et reproduire cette violence entretenue par le déterminisme patriarcal. Je suis extrêmement vigilante à ce sujet. Dans ma jeunesse, j'ai trop vu les femmes marocaines souffrir de ces oppressions. Il faut à tout prix rompre cette chaîne de la reproduction des violences.

Grâce à ces échanges constants, Taha a grandi dans cet esprit respectueux à l'égard de ses camarades filles, le conduisant à mesurer ses propos et ses gestes. Au fil du temps, ce mode relationnel est devenu quelque chose de plus naturel pour lui : preuve que nous pouvons, nous, les parents et les éducateurs, apprendre à nos garçons à rompre avec le vieux monde patriarcal et sa batterie de préjugés. Oui, nous pouvons encourager nos enfants à nourrir des liens apaisés avec leurs camarades du sexe opposé. C'est un long et patient travail qui commence dès le plus jeune âge.

Le comportement tout en retenue de Taha lui a valu des moqueries de la part de ses camarades garçons : eux-mêmes victimes des clichés développés par la culture machiste, ils ont reproché à Taha son manque de rudesse auprès des filles de sa classe, la sensiblerie dont il faisait preuve, supposée appartenir exclusivement au domaine féminin. Il a ainsi été traité de « canard », terme péjoratif du langage écolier qui désigne des garçons jugés faibles ou trop gentils. Cet exemple montre combien ces déterminismes sociaux entre les sexes se perpétuent et réclament l'attention des adultes pour les empêcher de se reproduire. Taha a souffert de ces remarques désobligeantes pendant son adolescence, si bien qu'il s'est fabriqué une armure pour se protéger, il s'est réfugié dans la posture du « garçon imperturbable », une posture bien sûr stéréotypée – les hommes se doivent d'être forts –, faisant mine d'ignorer la tendresse et les sentiments, méprisant les filles du haut de son regard intouchable. Voilà le genre de représentations propres à entraîner des violences entre les sexes et que nous devons combattre.

Bilal a toujours préféré la présence des femmes. Lorsqu'on passe quelques jours de vacances à Casablanca chez mes parents, il aime coiffer mes sœurs, qui se prêtent volontiers à ce jeu. Pendant que nous allons à la plage avec Taha, ma cousine Rabie vient chercher Bilal chez mes parents pour l'emmener dans son magasin de prêt-à-porter. Là, du haut de ses neuf ans, il conseille les clientes lors de leurs essayages devant le miroir sur leurs choix vestimentaires. Chose étonnante, ses recommandations sont très appréciées. Très jeune, il se passionne pour les magazines de mode, les biographies des grands couturiers, il s'informe des tendances. En outre, il semble avoir un don pour toutes ces questions de coaching esthétique. Il sait trouver les mots pour rassurer les clientes et s'adresser directement à leur âme.

C'est dans cette boutique qu'il fait bientôt une découverte capitale. Dans l'arrière-salle, Rabie a branché un poste de télévision. Pendant la pause, Bilal découvre sur le petit écran les chansons de Dalida… C'est le coup de foudre immédiat, il tombe amoureux d'elle, de sa sensibilité, sa voix, son jeu de scène. Un amour qui ne l'a jamais quitté et qui influence sa création encore aujourd'hui.

Auprès de ces femmes, Bilal se sent heureux.

Alors pourquoi sa manière d'être devrait-elle susciter mépris et rejet ? Au fond, le respect de la différence semble problématique et provoque de nombreuses crispations. Je le répète, ce sont pourtant nos différences qui forgent le ciment de notre vie sociale.

L'enfance de Bilal a été relativement tranquille, car j'ai fait en sorte de le protéger. Comme toutes les mamans, j'ai toujours voulu le meilleur pour mes enfants.

Taha a commencé sa scolarité dans une école Montessori – le cours Autin à Orsay –, une méthode éducative avant-gardiste qui était alors peu pratiquée dans les établissements scolaires. Ce fut une belle expérience pour lui.

Plus tard, il a intégré un collège public dans une banlieue chic. Là, assez vite, il subit le harcèlement de ses camarades de classe qui se moquent de ses cheveux frisés, le comparant à un mouton, dénigrant ses tenues, sa douceur. Bientôt ces agressions verbales pointent son patronyme jugé imprononçable. Bref, rien dans sa personne ne convient aux yeux de ces jeunes issus de la classe bourgeoise. Je suppose qu'ils devaient ici reproduire les préjugés entendus dans leur cercle familial.

Pire encore, pour que Taha puisse gagner leur amitié, ces élèves exigent qu'il leur verse une somme d'argent, ou leur offre des cadeaux. Un jour, Taha débarque à la maison sans ses chaussures de sport, il prétend les avoir oubliées dans le train qui le ramène en fin de journée à Breuillet, où nous habitons alors. C'est un mensonge, car en réalité il se fait détrousser par ces mêmes élèves, comme j'ai fini par le découvrir. Racket, vol, racisme, harcèlement, chantage… autant de maux qui frappent toutes les catégories sociales, pas seulement les populations pauvres vivant au-delà du périphérique, comme certaines personnes mal intentionnées le répètent à longueur de journée sur les plateaux de télévision.

À cette époque, je travaille à Paris, rue Championnet. Pour éviter les bouchons, il me faut quitter Breuillet très tôt le matin, à 5 h 30, pour rejoindre mon bureau parisien à l'heure. Je partage alors ma vie avec François, mon second mari, une parenthèse heureuse pour moi et mes enfants avant que les choses ne finissent par se gâter…

Mes journées sont alors bien remplies et réglées au millimètre. Le matin, François s'occupe des enfants : réveil, petit déjeuner… Puis c'est au tour de Dominique, notre nounou, de prendre soin d'eux jusqu'à mon retour le soir. Un jour qu'elle s'absente pour raisons familiales, j'aménage mes horaires professionnels pour la remplacer. Le matin avant d'emmener mes enfants à l'école, je surprends Taha dans l'arrière-cuisine en train de glisser des mignonnettes de Martini dans son cartable d'écolier… la monnaie d'échange pour acheter sa tranquillité au collège où l'attendent ses harceleurs. C'est le choc, je me sens seule, sans savoir vers qui me tourner pour demander conseil :

François se trouve en déplacement professionnel ; Rali, lui, est toujours à Singapour ; ma famille étant à Casablanca, je ne peux pas compter sur son aide immédiate. Ce jour-là, je comprends que Taha vit dans une grande souffrance.

Alors, comme à chaque fois que je suis face à une situation complexe ou compromettante, je me répète le même mantra : « Arrête-toi, réfléchis et reprends tes basiques. »

Une fois mes pensées rassemblées, l'évidence s'impose à moi : Taha a besoin de protection et d'être éloigné au plus vite de ce collège, lieu très hostile, où il subit des violences répétées.

Les jours suivants, je le fais garder à la maison alors que la fin de l'année scolaire approche, le temps de l'inscrire dans un collège privé à Montlhéry. De son propre chef, il demande à être interne, car il redoute les possibles dangers qu'il risque de rencontrer lors des trajets réguliers entre le collège et la maison : les traumatismes endurés dans l'établissement précédent ont laissé des traces.

En septembre 2009, Taha intègre cet établissement, en classe de troisième. Bilal, lui, entre en CM2 à l'école élémentaire Port-Sud de Breuillet. J'ai aménagé mon temps professionnel pour les accompagner en ce jour de rentrée scolaire, toujours impressionnant pour les enfants.

Ce jour-là, alors que nous sommes à la maison en fin de journée, Bilal me tire par la manche pendant le goûter : il voudrait que l'on fasse

« comme le dimanche », jour d'un rituel que nous avons institué au cours duquel j'échange avec mes enfants dans un jeu de questions/réponses à la manière d'une enquêtrice.

Je l'interroge sur sa journée en classe. Du haut de ses presque dix ans, il me dit en prenant les airs d'une grande personne porteuse d'un message grandiloquent : « Maman, il faut que je change d'école, je dois aller au collège de Montlhéry comme Taha, car c'est un établissement plus reconnu que l'école où je suis en ce moment. Tu sais qu'il y a aussi là-bas une classe de CM2 comme la mienne ? Dis, ça tombe bien. Maman, c'est sérieux, là, moi aussi je dois réussir. Tu sais, je suis capable. Maman, c'est ton devoir de mettre toutes les chances de mon côté. En plus, quand j'aurai gagné de l'argent plus tard, il faudra que j'aide mes amis qui seront moins chanceux que moi à se loger, à se nourrir : je dois leur créer un travail, tu comprends ? Imagine un peu, j'ai beaucoup de responsabilités, maman, alors fais ta part de travail et inscris-moi dans le bon établissement ! »

Je ne sais pas comment il a trouvé tous ces arguments. Son discours plein de tendresse m'arrache le cœur. Je précise que Bilal est un enfant assez fier, comme il n'arrivait pas à me dire directement qu'il désirait rejoindre son frère au collège de Montlhéry, il a usé de tous ces stratagèmes qui reflètent le fond altruiste de sa personnalité. Une semaine après, Bilal intégrait le collège de son frère.

Finalement, je me sens rassurée. Mes enfants seront à l'abri des comportements discriminants dans cet établissement privé. Peu importent les frais de scolarité élevés pour ma bourse, c'est le prix à payer pour cette protection. Mais ce n'est pas aussi simple. Bilal, enfant à la personnalité singulière, va lui aussi rencontrer une première embûche. Pendant la récréation, il propose à ses camarades une danse façon Britney Spears. Poussé par son sens du spectacle, il exécute son numéro devant ses camarades. Peu après, il est victime de brimades et de messages agressifs de la part de ses camarades, qui lui reprochent « sa danse nulle de fillette ». Selon eux, pour être vraiment branché, il faut danser comme les stars de rap. Ses détracteurs deviennent méchants, transformés en petits dictateurs de la musique. Mais heureusement, Taha s'interpose pour protéger son frère, en s'appuyant sur son expérience : à force de se défendre contre les brimades et les agressions comme je l'ai raconté, il s'est construit une carapace, il sait comment se faire respecter dans ce monde parfois sans pitié des adolescents asservis à un système de règles bien spécifiques – dénigrement, mise à l'écart, jugement, compétition sociale par les choix vestimentaires, narcissisme, rivalités…

Après cet incident, Bilal connaît un répit dans ce collège. Et cela grâce en grande partie au soutien de son frère.

Cette agression peut paraître anecdotique au premier abord. En réalité elle est le symptôme des stéréotypes dans lesquels on enferme nos enfants : les garçons doivent porter des chaînes et des dents en or comme les stars dans les clips vidéo, rouler comme eux dans des voitures de luxe, entourés de filles soumises et à moitié dénudées. C'est à nous parents et éducateurs de briser ces images très normatives et dégradantes pour les femmes. Bien sûr, il y a une certaine ironie dans ces clips, où l'on s'amuse à parodier les signes de la richesse et de la domination masculine : l'homme tout-puissant, irrésistible, doté d'un harem de conquêtes féminines. Encore faudrait-il apprendre à nos enfants à décoder ces images, à expliquer ce que signifient la dérision et la fonction symbolique dans les arts visuels. Cet incident contient en germe tous les problèmes d'un futur intolérant, dominé par la standardisation. Cela doit nous inviter à réfléchir à la question de l'enseignement et, bien sûr, cela commence dès l'école et la cour de récréation.

En septembre 2010, Taha entre en seconde dans un lycée privé en Essonne, en banlieue sud. Bilal, lui, poursuit sa scolarité en classe de sixième au collège de Montlhéry. Avant de laisser son frère seul dans cet établissement, Taha a pris soin de baliser le terrain : il garde des liens avec les élèves proches de Bilal, il prévient qu'il sera toujours présent s'il a des ennuis.

La solidarité entre frères se renforce à mesure que se présentent les difficultés.

En septembre 2011, quand Taha entre en classe de première dans ce même établissement en Essonne, j'accède à la demande de Bilal qui désire rejoindre son frère. Les voici de nouveau réunis pour poursuivre leur scolarité entre les murs de la même école. Bilal est en cinquième, interne, comme son frère.

Taha continue à veiller sur lui : à l'internat, dans la cour de récréation, pendant le trajet du retour à la maison le vendredi. Un vrai bodyguard au service de son petit frère à la fibre artistique, conscient qu'il risque à tout moment d'être attaqué en raison de cette différence. Mais, sans que je puisse en comprendre les raisons, Taha traverse une crise, il perd sa motivation en classe, ses résultats scolaires commencent à baisser. Les brimades subies les années précédentes auraient-elles fini par le décourager ? Difficile à dire. Il délaisse ses études et se réfugie dans le jeu de go, qu'il pratique depuis ses douze ans et dont il a appris tout seul les règles en lisant le manga Hikaru no Go, son livre de chevet.

Soucieuse de le sortir de cette impasse, je rencontre la grande majorité de ses professeurs, qui se plaignent presque tous de lui. Les propos de certains d'entre eux ne sont pas toujours très appropriés ; en voici un florilège : « Taha ne comprend pas grand-chose aux apprentissages en classe. Il est distrait. Il ne fait aucun effort. On se demande s'il n'est pas stupide… »

Ma fierté de mère en prend un coup. Je me vois mal expliquer à ces enseignants le passé de Taha, les brimades qu'il a subies au cours de sa scolarité : l'évocation de ces événements serait pourtant un premier élément de réponse vers la reconstruction d'un lien de confiance. Mais je refuse que l'on s'apitoie sur le sort de mon fils, craignant peut-être des reproches. Je ne trouve pas les bons mots pour raconter notre parcours familial. Surtout, le registre de la plainte n'est pas dans mes habitudes.

La méprise la plus sérieuse se manifeste en présence de sa professeure de français lors de notre première rencontre. Je remarque aussitôt son débit ralenti, sa difficulté à s'exprimer, marquant de longues pauses, comme si elle souffrait d'un problème de santé. Avec sa voix affaiblie, elle me demande : « Avez-vous… des livres à la maison ? » Maladresse ou préjugé ? Me laisse-t-elle entendre que nos origines marocaines nous interdisent l'accès aux livres ? Que nous serions illettrés de naissance ?

Bien sûr que nous avons des livres à la maison. Mais au lieu de lui donner cette réponse, je teste sa réaction : « Pensez-vous que l'absence de livres dans un foyer familial peut conduire à des problèmes scolaires pour les enfants ? » « Oui, me répond-elle de sa voix ralentie. » Évidemment que le défaut de lecture dans les familles constitue un frein à l'éducation. Mais je déplore chez cette professeure de français son jugement sans modération, cette manière hâtive de classer les individus dans des cases en fonction de leur origine sociale.

Terrible constat. J'en conclus que l'école ne se donne ni le temps ni les moyens d'analyser les raisons de l'échec scolaire. Au-delà du discours de façade sur l'égalité des chances que garantirait l'école, le fossé semble davantage se creuser dans les faits entre les différentes catégories sociales.

Face à la situation délicate que traverse Taha, je me sens abandonnée, il me faut en plus encaisser ces critiques et ces sous-entendus malveillants provoqués sans doute par le délitement général du système éducatif républicain depuis le haut de cette pyramide, perdu dans un labyrinthe de grilles d'évaluation absurdes très en vogue dans notre société normée.

Parmi ces nuages gris, il y a une éclaircie : je fais la connaissance de la professeure de mathématiques de Taha, une femme au discours stimulant. Nos échanges se déroulent dans un esprit constructif. Elle a pris le temps d'observer et de parler avec Taha, qu'elle me présente comme un élève intelligent, visionnaire et doté d'une sensibilité aiguë. Récemment, elle a disputé avec lui une partie de go, son jeu fétiche. Cette professeure est ma lueur d'espoir qui brille au bout du tunnel. Mais, en milieu d'année scolaire, elle tombe gravement malade, une dépression selon les rumeurs. Triste pour elle, triste aussi pour moi, car je perds à cette occasion une précieuse alliée.

Les ennuis se succèdent. Je ne peux plus compter sur le soutien de François, car nous nous sommes séparés en septembre 2010. J'y reviendrai… De nouveau mère célibataire, j'affronte seule les obstacles. Sur le plan financier, c'est tendu. Une fois les factures de gestion courante réglées, il me reste trois cents euros sur mon compte bancaire. Chaque fin de mois, je compte mes sous pour éviter de justesse le découvert. Devant la boîte aux lettres de l'immeuble, j'ai comme la nausée, je suis pétrifiée, car je sais que je vais découvrir des relances pour impayés, des courriers administratifs menaçants. C'est là que me vient cette idée saugrenue : quand je serai sortie de ce mauvais pas, je m'empresserai de créer une société chargée de distribuer des mots doux dans les boîtes aux lettres des mères célibataires !

Quand j'y pense, ma crainte du manque d'argent s'efface un peu devant mon inquiétude pour mes enfants : la souffrance de Taha en échec scolaire et celle de Bilal que je pressens… Les convocations aux réunions avec les professeurs deviennent une terrible torture psychologique. À cette période de ma vie, l'organisation d'un simple rendez-vous chez le médecin provoque chez moi une crise d'angoisse.

En avril 2013, Bilal est en classe de quatrième. Il reçoit un premier avertissement, puis un second pour le même motif : bavardages. Je lui demande de se corriger en classe, il me le promet. En vain.

Nous voici convoqués à un conseil de discipline. Coup de tonnerre : pendant un cours, un élève aurait pris dans le sac de Bilal un magazine consacré à la pop-musique, le genre de publication interdite par la direction. Je demande à Bilal des explications. Il se défend, il ne comprend pas ce qu'on lui reproche, il ne savait pas que ce journal était interdit. Il ne l'a pas fait exprès, le camarade a juste feuilleté la publication comme ça, rapidement. Je le sens gêné dans ses explications.

Quelques jours après, Bilal et moi patientons dans le couloir face à une porte derrière laquelle délibère le conseil de discipline du collège. Quelques minutes plus tôt nous étions confrontés aux membres de ce conseil pour entendre les faits reprochés à mon fils : bavardages incessants, indiscipline en classe pour diffusion d'un magazine non autorisé.

Dans ce couloir, les minutes sont interminables. Je me penche pour tenter de décrypter le filet inaudible des voix derrière la cloison. À mes côtés, Bilal se tient sagement. Dans ses yeux je perçois sa détresse. La veille, j'ai interrogé Taha pour connaître la vérité. Il ignore ce qui a bien pu se passer.

Tout ce cérémonial pour des bavardages répétés, je n'arrive pas à le croire.

La porte s'ouvre… je tremble. Le chef d'établissement sort, il nous fait signe d'entrer.

Nous nous retrouvons assis devant les mêmes visages sévères et fermés, certains laissent paraître de la gêne, voire du remords. J'ai la gorge serrée, mon cœur bat vite. Le directeur prononce la sentence : Bilal est exclu de l'établissement. C'est le choc. Sonnée, je reste sans voix.

Tels des automates, nous suivons à présent le directeur dans son bureau. Je me ressaisis, je lui fais part de mon désarroi : nous sommes en avril… et aucun collège n'acceptera de scolariser mon fils à trois mois des grandes vacances. « Détrompez-vous », me rétorque-t-il sèchement. Il me donne les coordonnées d'un collège et m'invite à contacter son principal de sa part. « L'école est obligatoire jusqu'à seize ans. C'est la loi. Ce collège ne pourra pas refuser d'accueillir votre fils. »

Soudain on frappe à la porte du bureau. Un agent de service passe sa tête, un gros sac-poubelle dans chaque main. « Ce sont les affaires de votre fils, dit-il. On a vidé tous ses placards dans l'internat. »

Il pose les deux sacs devant nous et s'en va. L'éviction de Bilal n'a pas traîné. La direction a dû demander à cet agent de rassembler les affaires de mon fils dès le matin, bien avant la réunion du conseil de discipline.

Le soir à la maison, Bilal m'avoue qu'il a embrassé un garçon. Sa relation amoureuse a fuité dans l'internat… jusqu'aux oreilles des parents. En recoupant les informations les jours suivants, je reconstitue peu à peu le fil des événements.

Apparemment dégoûtés de savoir leurs enfants en présence d'un garçon gay dans les murs de l'école, ces parents ont fait pression sur le chef d'établissement et exigé l'exclusion de Bilal. Cette reconstitution s'est révélée exacte par la suite. Bilal a été victime d'homophobie de la part de parents traditionalistes.

Une fois de plus, une certaine partie de la société hétéronormée et crispée sur ses principes étriqués a sévi et provoqué des dégâts : Bilal s'en trouve très affaibli moralement, sa santé est menacée, il traverse une période d'anorexie.

J'avoue que cet incident fâcheux me met dans une grande colère à l'égard de ce système dominant et injuste. Les non-dits, l'hypocrisie. Le tribunal des lâches. Sanctionner cruellement un enfant sans en avouer la raison véritable : le dégoût de l'homosexualité, et la peur qui se greffe dessus. Que signifie cette peur ? Je ne suis pas psychanalyste, mais il serait bon d'interroger ce conservatisme et cette aversion face à la différence. Car en quoi celui (ou celle) qui aime hors de la norme établie constitue-t-il un danger pour la société ?

Ce moment de crise a le mérite d'une clarification. Bilal m'annonce pour la première fois son homosexualité, il a eu une relation poussée avec ce camarade de classe. Ce n'est pas une surprise, je suis sa maman, je l'ai vu grandir à mes côtés. Mais il a enfin mis des mots sur sa nature profonde.

Il ajoute que son frère Taha était déjà au courant ; il avait gardé ce secret, belle preuve de leur amitié fraternelle et de leur lien fusionnel. En réalité, ils se protègent l'un l'autre. Je suppose que Taha a vite perçu en quoi la différence de Bilal était susceptible de mettre son petit frère en danger. Pendant les trajets en avion au-dessus de l'Atlantique, ils se confiaient leurs secrets. C'est pourquoi Bilal a toujours voulu être scolarisé dans le même établissement que son frère.

Je dois apaiser ma colère tout en trouvant les mots justes pour ne pas traumatiser mon fils. Je dois surtout le mettre en garde contre les dangers qu'il devra désormais affronter.

Le cœur serré, je le préviens que plus jamais il ne pourra se balader tranquillement en affichant son homosexualité dans la rue, sans faire attention, sans étudier au préalable l'endroit où il va mettre les pieds : être en état de vigilance permanente. Éviter certains quartiers, ne pas embrasser son copain dans la rue. La liberté que je chéris tant est bien écornée…

– 6 –

L'école heureuse

« Ne vous inquiétez pas, m'avait pourtant prévenu le directeur de l'école qui a exclu Bilal. Vous allez trouver un endroit où scolariser votre fils, l'école est obligatoire jusqu'à seize ans. »

Après l'éviction de Bilal, je frappe à toutes les portes, même à celles du rectorat de Paris et de Versailles, en vain : aucune école n'accepte de l'accueillir.

Encore deux mois et demi à tenir sans école avant les vacances d'été. Comme je suis alors très occupée par mon travail, je me vois contrainte de laisser Bilal seul à la maison. Quand je rentre le soir, je remarque son visage désœuvré, il a passé sa journée à tourner en rond, à ressasser les mauvais souvenirs. Autre déconvenue : son petit copain du collège l'a gentiment éconduit, lui précisant qu'il était sorti avec lui juste pour vivre une expérience homosexuelle, car en fait il préférait les filles, il avait d'ailleurs une copine. Dégringolade pour Bilal. Ce garçon, lui, n'a jamais été inquiété par le directeur.

Je dois alors me tourner vers Rali. Je le joins au téléphone pour lui parler de Bilal, je me garde bien de lui communiquer les vraies raisons de son renvoi de l'école, j'évoque son indiscipline. Il accepte gentiment de l'accueillir chez eux à Singapour, il me promet que Suzanne veillera sur lui.

Nous sommes à l'aéroport. Avant d'embarquer, Bilal me demande ce qu'il doit dire à son père. « Comme tu le sens, mon chéri. À toi de voir. » « Je verrai bien », me répond-il. Je le serre dans mes bras. Il s'éloigne, son sac de voyage en bandoulière. Il se retourne une dernière fois, il me sourit et disparaît. Je croise les doigts…

Pendant son séjour à Singapour chez son père, je le joins au téléphone. Je sais que Rali n'aime pas ces appels durant son temps de garde : selon lui, ils réduiraient les moments de complicité avec ses enfants. Je comprends son argument. Je l'accepterais aisément si la situation s'annonçait plus sereine, ce qui est loin d'être le cas. À l'autre bout du fil, Bilal me rassure, mais je sens à l'intonation de sa voix qu'il ne peut s'exprimer comme il le voudrait. Je n'insiste pas.

Deux mois plus tard, je le cherche dans la foule des voyageurs à la sortie du terminal. Son vol de retour est arrivé quelques minutes plus tôt.

Le voici… Il me sourit, il a l'air plutôt reposé, malgré les douze heures passées dans l'avion. On s'embrasse plus fortement que d'habitude.

Dans la voiture, il déclare : « Tout s'est bien passé, maman. » Je comprends qu'il ne souhaite pas m'en dire davantage sur son séjour auprès de son père. Je suppose que ce moment n'a pas été de tout repos.

À la rentrée de septembre 2013, je rencontre le proviseur d'un collège public à Osny, dans le 95 où nous vivons. Comme Bilal n'a pas terminé sa quatrième, je me prépare à ce qu'il redouble. Ce proviseur s'entretient avec lui, il examine son bulletin et là, considérant ses notes et sa motivation, il l'inscrit en classe de troisième. Pour cette année, il n'aura plus à se ronger autant les sangs : il a certes été exclu en cours d'année mais il passe malgré tout en classe supérieure. Une porte s'était fermée, une autre vient de s'ouvrir. Comme cela a toujours été le cas dans mon parcours. Peut-être parce que je suis d'une nature optimiste, la chance finit par nous sourire de nouveau. Je m'adresse ici à toutes les mères : ne perdez jamais espoir.

Taha, lui, décroche complètement : il arrête les cours au lycée, malgré ses grandes qualités. Je ne sais comment déverrouiller ses blocages et le persuader de persévérer. « L'école classique, ce n'est pas pour moi », me dit-il. Comme il est titulaire du Bafa, il accepte de postuler pour une formation dans le domaine de l'animation, mais les démarches s'avèrent alors insurmontables. Finalement, il trouve une place au centre de loisirs de l'hôpital Lariboisière.

Bilal rencontre lui aussi des difficultés. Malgré la bonne nouvelle de son entrée en classe de troisième, le traumatisme causé par son exclusion continue à diffuser son venin plusieurs mois après. Bientôt des troubles alimentaires persistants m'alertent. Il ne mange plus, il n'a plus que la peau sur les os. Nous allons consulter un médecin. Son diagnostic me rassure, il ne pense pas que Bilal souffre d'anorexie comme je le redoutais. Mais il faut rester vigilant. Je lis des articles dans la presse au sujet de cette maladie qui peut être mortelle, de plus en plus répandue, mais dont les origines demeurent mystérieuses. Certes, cette pathologie touche principalement les filles, mais Bilal n'aurait-il pas un profil le disposant à contracter cette maladie ? Voilà le genre de réflexion qui me traverse l'esprit à cette époque. Une mère d'un enfant différent se pose beaucoup de questions, parfois de façon désordonnée. Heureusement, j'ai appris avec le temps à modérer mes réactions, car il ne sert à rien de s'inquiéter outre mesure. Sur les conseils de notre médecin, Bilal consulte également un psychothérapeute. Pendant cette période de grande fragilité qui dure au moins deux ans, nous échangeons beaucoup ; toujours à l'écoute, je suis une mère mais aussi une confidente : ces deux rôles ne sont pas toujours simples à mener de front. Un enfant ne peut pas tout dire à ses parents, il doit garder son jardin secret. Tout l'art consiste à se rendre disponible. Mes enfants savent qu'ils peuvent me solliciter pour exprimer une parole, j'ai mis en place des rituels pour cela…

Le temps des bilans s'impose à moi alors que la rentrée de septembre oblige à se projeter dans l'avenir. Qui suis-je à ce moment de ma vie ? Souffrance de mes enfants dans leur parcours scolaire, second divorce pour ma part. Moi, Amina, mère célibataire d'origine marocaine, je peine à garder la tête hors de l'eau : loin de vouloir renoncer à la belle promesse de la République française dont j'étais tombée amoureuse dans ma jeunesse, je dois toutefois reconnaître que mon intégration dans mon pays d'accueil relève d'un parcours du combattant.

C'est vrai, j'ai été malheureuse de voir Bilal meurtri dans sa chair par son exclusion. Ce rejet insinue en quelque sorte que je suis incapable d'élever mes enfants selon les bonnes règles de la société française : un papa et une maman sous un même toit, couvant des enfants à l'orientation sexuelle irréprochable. En outre, le motif réel de cette éviction n'a jamais été prononcé clairement : une hypocrisie qui me froisse davantage. Les silences et les non-dits sont une forme de mépris et de dénigrement. Leur violence sourde peut provoquer des ravages.

Après cet événement, je mesure l'influence pas toujours heureuse des parents d'élèves sur la direction du collège. Certes, il me paraît normal et justifié qu'ils puissent donner leur avis et apporter leur soutien au corps enseignant, mais réclamer l'éviction de tel ou tel élève… cela s'apparente à une démarche très autoritaire. Voire un retour à l'Inquisition.

À entendre les témoignages autour de moi, on assiste ces dernières années à un affaissement de l'autorité des directions dans les collèges et les lycées devant les intrusions de plus en plus pressantes des parents en milieu scolaire. Un déséquilibre peu favorable à l'éducation de nos enfants. Son autorité étant réduite ou de plus en plus contestée, le corps enseignant périclite, les élèves deviennent les maîtres en classe, une situation qui se retourne contre eux et freine les apprentissages. Une fois encore, ce sont les élèves des catégories les plus aisées qui tirent leur épingle du jeu.

Après les troubles alimentaires de Bilal, je lui découvre bientôt un début d'addiction au tabac, un paquet de cigarettes enfoui sous un tas de linge dans sa chambre. Ayant moi-même été fumeuse, je ne suis peut-être pas la meilleure conseillère pour lutter contre le tabagisme de mon fils. Mais je le sais, la fumée de cigarette altère les cordes vocales. Alors je préviens Bilal des risques qu'il encourt pour sa santé en fumant, je pointe surtout le péril que fait peser le tabagisme sur sa future carrière de chanteur. Sauf à marcher dans les pas de Tom Waits, lui emprunter sa voix grave et éraillée de fêtard noctambule… « Maman, j'ai écouté les chansons de ce chanteur américain, me dit-il. J'aime bien, il a du talent, mais ce ne sera pas mon style pour le futur. Promis, maman, je vais arrêter la cigarette. »

Son style musical, justement… À cette période, Bilal se forme à la musique en faisant… l'école buissonnière ! Comme son frère, il sèche les cours pour se rendre dans les galeries des Olympiades, dans le 13e arrondissement, et écouter sur les bornes numériques les groupes de la Korean pop (K-pop), alors très en vogue. Comme son nom l'indique, ce courant musical est né en Corée, au début des années 1990 : un mélange de ballade, de dance pop et de musique électronique qui offre au jeune public un moyen de s'évader du quotidien plombé par la terrible crise financière que connaît alors ce pays. Une musique interprétée par des jeunes adolescents sélectionnés dans des radio-crochets sur les chaînes du câble, entraînés dans des écoles de chant et de danse. Ces jeunes héros séduisent le public de l'âge de Bilal partout dans le monde.

Je sais que la passion de mon fils pour la musique est plus forte que son goût pour les études. La première fois qu'il a formulé son désir d'être une star de la chanson, il avait cinq ans. Cela m'a fait sourire sur le moment. Au fil des années, ce désir n'a cessé de s'affirmer à travers des mises en scène et des chansons. Ce n'était pas une lubie, mais bien une vocation chevillée au corps. Je me suis dit : « Incroyable ! Cet enfant est différent, c'est un trésor qu'il faut préserver. » Et je savais déjà qu'il faudrait se battre pour cela. J'avais sous-estimé par contre la hargne de nos futurs ennemis…

Son amour pour les boys band de K-pop est une source d'inspiration, il voudrait apprendre la danse, comme les membres de son groupe préféré : SHINee. Un samedi matin, alors que nous prenons le petit déjeuner ensemble, je lui dis : « J'ai fait des économies. Je te propose de t'inscrire à l'Académie Internationale de danse à Paris, dans le 16e arrondissement. Qu'en penses-tu ? » Son visage s'illumine. « Maman ! » Il me saute dans les bras.

C'est ainsi que Bilal s'est entraîné à la danse tous les mercredis et samedis après-midi de son année de troisième, puis tous les après-midi les trois années suivantes. Mais aussi au chant et à la mise en scène : une formation complète. À le voir rayonner de bonheur, je me suis dit : « Pourvu que cela lui redonne de l'appétit, qu'il retrouve des forces, pourvu qu'il s'épanouisse dans le chant et se rapproche de son rêve… » Sans m'en rendre compte, je me suis glissée dans la peau d'une mère manager.

Septembre 2014 approche et pour Bilal, l'entrée au lycée, en classe de seconde. Ses cours de danse et de chant le passionnent, je lui ai fait la promesse de l'inscrire dans un lycée pratiquant les horaires aménagés afin qu'il puisse continuer sa formation à l'Académie de danse. J'enquête… Mes investigations me dirigent vers un établissement privé catholique dans le 16e arrondissement, le lycée Passy-Saint-Honoré.

Ce matin, Bilal et moi sommes reçus par la conseillère principale d'orientation de ce lycée, une femme intelligente et belle, catholique pratiquante, la cinquantaine, les cheveux châtains coupés au carré, un regard perspicace et tout en tendresse, un visage souriant, habillée en tenue de Première Dame. D'emblée enthousiaste, elle nous écoute avec une grande attention. J'observe Bilal du coin de l'œil, il semble à l'aise et rassuré par l'accueil chaleureux que nous réserve cette femme. Je le suis aussi. En parcourant le dossier scolaire de Bilal, elle remarque le trimestre en moins de son année de quatrième consécutif à son exclusion. Nous en avons parlé ensemble avant ce rendez-vous : il n'est pas question de mentir ni de maquiller les faits. Bilal était paniqué avant de franchir la porte de ce bureau, mais là, au moment de prendre la parole, il se ressaisit et lui explique calmement : « J'ai été exclu de mon collège pour bavardage en classe. Ça, c'est la raison avancée par la direction, mais je pense que c'est mon mode de vie qui ne convenait pas. » Indirectement, il tente de révéler sa différence à son interlocutrice. Comme je le lui ai toujours expliqué, un hétérosexuel ne se présente pas en précisant son orientation sexuelle, alors pourquoi un homosexuel devrait-il se plier à pareille contrainte ? La dame lui sourit d'un air entendu, elle a compris les réelles raisons de son exclusion. Elle lui répond qu'elle apprécie sa franchise et sa sincérité. Bilal a eu raison de lui dire la vérité, précise-t-elle.

« Je vous en remercie, ajoute-elle. Ici, vous ne serez pas jugé, chacun vit selon sa différence. Ici, vous apprendrez et on encouragera votre passion. Le talent est le plus beau cadeau de la providence. »

C'est une formidable leçon de vie : en certaines circonstances, la franchise est la meilleure alliée.

Ces mots de grande tolérance dans la bouche de cette femme croyante nous apaisent, Bilal et moi. Ils réparent des blessures, ils nous redonnent une dignité. Nous nous sentons de nouveau légitimes, accueillis et acceptés.

Je constate une fois de plus qu'on peut être religieux et ouvert d'esprit, accepter ceux qui sont en dehors des cases hétéronormées.

N'étant pas une spécialiste des doctrines religieuses, je ne sais si l'homosexualité est encore bien reconnue dans les hautes instances du ministère papal. Dans le documentaire *Francesco* diffusé le 21 octobre 2020, le pape François prenait position en faveur de l'union civile pour les homosexuels. Un message d'ouverture et un premier pas vers une réforme de la doctrine pour une reconnaissance complète et entière des amours entre personnes du même sexe. Je ne saurais dire ce qu'il en est aujourd'hui. À l'heure où j'écris ces lignes, la communauté chrétienne est frappée par un effroyable scandale de pédophilie au sein de l'Église. De grandes réformes et des réparations sont réclamées par les victimes. Peut-être que les trois grandes religions monothéistes auraient avantage à saisir la balle au bond en cette période de crise morale pour adapter leur doctrine aux mutations de la société. Sans quoi, les crispations et les haines entre les sexes et les individus risquent de s'intensifier.

En sortant de notre rendez-vous avec Mme la CPE, Bilal et moi flottons sur notre petit nuage. Enfin un lieu d'apprentissage où il n'aura plus à cacher sa différence à ses éducateurs, un lieu aussi où les horaires sont aménagés pour accueillir les jeunes talents dans les arts et le sport : le matin, les élèves étudient. L'après-midi, ils s'entraînent à leur passion pour embrasser la carrière de danseur, metteur en scène, champion de tennis, de rugby ou de course hippique… Les places dans cet établissement réputé sont peu nombreuses. Bilal est d'autant plus honoré d'y avoir été admis. Il poursuit ses cours de chant à l'Académie Internationale de danse. Petit à petit, son rêve se construit. De nouvelles rencontres se profilent. Déterminantes…

Au moment de son inscription, chaque élève prend connaissance de la charte de l'école avant de la signer. Elle explique les règles de l'établissement. Elles sont simples, justes et applicables à tous. Pas de favoritisme, pas de privilège. Chaque matin, M. Sanchez, le directeur adjoint, accueille les lycéens. C'est un homme autoritaire mais juste, intraitable s'agissant du respect des règles : ponctualité irréprochable, obligation de porter une tenue décente, interdiction d'utiliser un téléphone portable dans l'enceinte de l'école – celui-ci doit être éteint dans les sacs… Un directeur qui accueille ses élèves avec le sourire et de la fermeté, et donne le ton de la journée en interpellant chacun par son prénom pour lui adresser conseils pratiques ou encouragements. Par ses bonnes paroles et ses gestes, il indique le chemin à suivre. Mais c'est aussi un mélomane qui sait communiquer sa passion dès que l'occasion se présente.

D'une manière générale, les enseignants dans cet établissement ont le souci de la clarté. Ils savent captiver les élèves en leur racontant des histoires, et les encourager dans leur passion. Ainsi les élèves n'ont jamais vraiment l'opportunité ni l'envie de se chamailler. Au contraire, ils cultivent la solidarité.

Les échanges entre les parents, les élèves et le corps enseignant se déroulent toujours dans le calme et la bienveillance. Mme Chaponic, la professeure d'anglais, me reçoit et prend le temps de m'expliquer pourquoi elle a noté Bilal avec sévérité. Malgré son bon niveau en anglais, il a la fâcheuse manie d'oublier à l'écrit de mettre une majuscule à l'article « *I* » (je) dans « *I'm* » (je suis). Cette note sévère a pour but de lui rappeler de veiller à ces points de détail de la langue, tout aussi importants que la maîtrise de la grammaire. Cette transparence dans la pédagogie évite les méprises ou les contrariétés. Une approche partagée par tous les autres enseignants.

Autre exemple, Bilal se fait surprendre avec son téléphone en main dans les couloirs du lycée. L'appareil est aussitôt confisqué. Je reçois un appel de la CPE qui me demande de venir le récupérer dans son bureau. De cette façon, j'ai été directement impliquée dans la vie scolaire. Voici une pédagogie qui devrait inspirer les responsables en charge de nos écoles à l'heure où le cyberharcèlement pousse tant d'élèves au suicide. L'usage que font nos enfants des réseaux sociaux devrait mobiliser tous les éducateurs et les dirigeants des pouvoirs publics.

Bilal passera trois belles années dans cet établissement, il n'a eu à subir aucune brimade, aucune remarque désobligeante. Pendant cette même période, Taha multiplie les expériences, il se cherche. Un jour, il me dit : « Tu sais maman, à ce moment-là, je me sentais comme spectateur de ma propre vie. »

Son travail dans le secteur de l'animation finit par le lasser. En novembre 2014, il intègre l'armée française, persuadé de se reconnaître dans les valeurs de cette institution : la camaraderie, le respect, le dépassement de soi. Il est reçu brillamment aux tests de sélection du centre de recrutement de Strasbourg. Engagé comme militaire de rang, il apprend le maniement des armes et, bien sûr, les techniques de combat. Mais six mois plus tard, après une blessure, il doit arrêter le métier de soldat. Il s'installe alors à Lisbonne et travaille comme assistant clientèle au sein de plusieurs compagnies.

De cette courte période de formation militaire, il a surtout retenu la devise du frère d'armes que lui a enseigné son chef de section, et qu'il m'a confiée : « Moi, soldat, je veux compter sur mon camarade quand nous serons sur un terrain ennemi. Peu importe sa couleur de peau, ses origines, ses croyances religieuses, son orientation sexuelle, qu'il mange du porc ou non. Je m'en fous. Je veux juste compter sur mon frère d'armes. Un point, c'est tout. »

Alors parfois Taha s'interroge : pourquoi cette solidarité existe-t-elle si peu chez les civils ? Je n'ai pas la réponse à cette question.

Aujourd'hui, Taha aimerait explorer le monde, il estime ne pas suffisamment bien se connaître. Il a sans doute raison, la quête de soi n'a jamais vraiment de fin.

Quand j'y songe maintenant, Taha, Bilal et moi avons un destin que je ne sais pas bien interpréter, mais qui me donne à réfléchir. Taha s'est engagé dans l'armée française pour se former à défendre notre pays, alors que son grand-père paternel, lui, a combattu comme résistant pour libérer le Maroc de l'occupant… français ! D'un combat à l'autre, d'une terre à l'autre. Bilal, lui, porte des perruques et des robes, il chante et fait le show dans des vidéos sur sa chaîne YouTube. Et il est attaqué sur les réseaux sociaux par toutes sortes de gens, dont des religieux marocains : ces fanatiques que j'ai fuis autrefois en quittant mon pays natal.

Mes fils ont des trajectoires diamétralement opposées, mais l'amour qu'ils éprouvent l'un pour l'autre les a toujours unis, demain encore je l'espère. Je me suis battue pour préserver les liens sacrés de cette fratrie. Au fond, notre destin familial est à l'image du monde : chacun se bat pour y trouver une place, et pour cela il doit parfois abandonner son pays et sa famille.

Pour revenir aux années de lycée de Bilal, je dois dire qu'elles ont été pour lui une période vivifiante et stimulante. Enseignants et élèves œuvraient main dans la main. Les professeurs apprenaient aussi des élèves. Lors de la fête de fin d'année qui se tenait dans la mairie de l'arrondissement, le directeur a joué de la batterie. Les enseignants ont chanté et dansé aux côtés de leurs élèves.

D'ailleurs Bilal a gardé des contacts avec la plupart de ses professeurs, qui aujourd'hui le soutiennent dans son combat contre l'homophobie. Nous les avons invités à assister à un concert que Bilal a donné à l'Olympia en octobre 2019. Lorsqu'il a chanté *Roi*, une chanson où il raconte son combat pour exister avec sa différence, ils ont tous repris en chœur le refrain, heureux de voir leur ancien élève clamer sa force et son bonheur. Après le spectacle, il y a eu une fête, ils l'ont rejoint, ils se sont maquillés comme lui, et tour à tour ont coiffé sa perruque.

Le directeur de ce lycée exemplaire m'adresse souvent des messages de soutien. Il est fier de Bilal, il le dit haut et fort, ne craignant pas de se voir attaqué par les réactionnaires et les racistes.

Pour le futur de nos enfants, moi, je rêve d'une école idéale qui chaque mois rassemblerait dans un journal les pensées des élèves et des enseignants. Ce serait le *Grand Journal de l'école idéale*. Pour commencer ce récit, je retranscris ici quelques réflexions de mes enfants quand ils étaient à l'école.

Les mots de Taha : « Dans l'école idéale, les plus faibles seraient entendus, tous ceux qui disent : "Il y a trop d'heures en cours et je m'ennuie." », « J'ai envie de jouer au go, car tu sais, ce jeu il apprend à encercler les ennemis, ceux qui me disent que je n'ai pas le bon prénom pour vivre ici », « Les plus faibles, ils ont parfois envie de danser et de chanter, de seulement jouer au foot ou de raconter des histoires, ou même de lire seuls dans leur chambre. Parfois, moi, je n'ai aucune envie, c'est le flou total, je suis anormal », « Pour moi, l'école idéale serait un endroit sain où l'enfant pourrait se sentir en sécurité. Pour cela, il faudrait retirer de sa tête la peur d'être tout le temps en compétition, les profs devraient lui dire à chaque instant que la différence est une force. Tu sais, maman, si les gens jugent un poisson à sa capacité de grimper dans un arbre, c'est qu'ils n'ont rien compris à la vie ».

Et voici les mots de Bilal : « Pour moi, dans une école idéale, les plus doués aideraient les moins chanceux. On y apprendrait comment remplir une feuille d'impôt, comment payer un loyer, tous ces trucs que les mamans font et auxquels je ne comprends rien. Et puis tu sais, la question du harcèlement, c'est vraiment un sujet prioritaire. L'école idéale, ça devrait être un endroit de répit, car aucun enfant ne peut contrôler ce qui se passe dans le foyer familial. Maman, tu m'as toujours dit que l'éducation est une histoire de répétition. Il faut répéter la consigne, encore et encore, et encore, et l'enfant finira par intégrer la règle. Alors pourquoi le sujet du harcèlement n'est traité qu'un seul jour par an ? Non, franchement, il faudrait créer un hymne contre le harcèlement, à réciter chaque matin : des ateliers, des séminaires… répétition, répétition, répétition. »

Moi, la maman de Taha et Bila, je rêve d'une école idéale comme cela : quelles que soient sa couleur de peau ou son orientation sexuelle, chacun devrait apprendre en classe sans être jugé ou agressé. Je rêve d'une école où l'addition de nos différences constituerait une richesse et non un sujet de séparation ou de discorde, je rêve d'une école où l'on apprendrait les auteurs et les artistes de toutes les cultures, où les élèves les plus aisés et leurs camarades dont les parents ont des revenus plus modestes échangeraient leur maison pour un temps. Chacun aurait une expérience intime de la vie de l'autre et serait ainsi plus à même de réviser son jugement.

Je rêve d'une école où les parents seraient invités à donner de temps en temps un cours en classe pour comprendre ce que signifie la lourde tâche d'enseigner et partager une expérience collective avec les élèves et l'équipe pédagogique. Je rêve d'une école où les talents artistiques seraient encouragés. Le matin, on étudierait les matières du programme scolaire, l'après-midi serait consacré aux activités artistiques et de plein air : sport, atelier d'écriture, visites de musées, travaux manuels, menuiserie, jardinage… Apprendre les cultures du monde et renouer avec le monde vivant.

Je rêve d'une école où, au moins une fois par trimestre, les élèves seraient invités à donner un cours aux adultes.

Je rêve d'une école où les personnes d'origine étrangère, migrants ou sans papier, viendraient livrer leurs expériences aux élèves et aux parents.

Je rêve d'une école qui serait capable d'accompagner toutes ces différences et d'accepter la diversité des parcours et des cultures.

Sans éducation, il n'y a pas d'avenir. Il faut investir massivement dans l'école, donner une chance à chacun, en apprenant à nos enfants ce que signifie partager et construire un monde en commun, alors que la planète s'enflamme, comme nous refusons encore de le voir.

– 7 –

La table des savoirs

Année 2005. Taha, Bilal et moi vivons avec François, mon second mari, et ses deux enfants, à Breuillet, dans la résidence Port Sud, bordée d'un lac et d'un bois : un lieu vaste, aéré, où règne la verdure, bercé par le chant des oiseaux. Les enfants peuvent y jouer et courir à perdre haleine.

Le week-end, la résidence ouvre grand ses portes aux enfants du voisinage, ils vont et viennent d'un jardin à l'autre, accompagnés de leurs parents. Les familles se promènent le long de la rivière, les plus petits s'égaillent autour du lac et jettent des morceaux de pain aux canards. Plus loin, bien calé dans son kayak, Taha fonce à coups de pagaie, encouragé par ses coéquipiers du club ; un sport qu'il affectionne.

Sur les terrains chauffés par le soleil du printemps, les joueurs de tennis disputent des sets de champions de l'univers, les adolescents dansent sur les pelouses, certains avec des micros portables première génération, devenus des objets cultes pour les jeunes.

L'été venu, les enfants de la résidence se retrouvent à la piscine et s'amusent à faire des plongeons et des batailles aquatiques, insouciants sous le regard du moniteur. Les explorateurs intrépides construisent des cabanes dans les bois le long de la rivière, ils inventent « un nouveau monde avec ses lois », comme des nouveaux Robinson Crusoé.

C'est le paradis des enfants sur Terre.

François a eu deux garçons d'un précédent mariage, Jules, l'aîné, et Camille. Nos enfants s'entendent à merveille, ils ont quasi le même âge.

Quelques fois, le week-end ou pendant les vacances, nous allons en Bretagne chez les parents de François : des personnes adorables qui nous ont d'emblée accueillis à bras ouverts.

Nous formons une grande famille recomposée, riche de plusieurs cultures : marocaine, bretonne, allemande et française. Beaucoup de couleurs et de manières de vivre. Peut-être sommes-nous le reflet de cette France tolérante et ouverte qui se développe à côté d'une autre, repliée sur elle-même et hostile à tout changement.

Quatre ans après notre rencontre, nous décidons de nous marier pour fêter notre bonheur : ce sera un samedi de juillet 2008. C'est vrai, je me sens aimée par François pour ce que je suis, du moins c'est mon impression à ce moment-là de ma vie. Je suis aimée, car je suis une femme libre et indépendante, fille de résistant marocain. Me voici mariée à un « croisé », pour reprendre le terme qu'avait employé mon père dans le salon de notre maison à Casablanca. Mon mariage avec Rali, Marocain devenu pratiquant religieux, avait probablement été une réponse inconsciente à cette injonction paternelle. Ce mariage avec un Français est-il une manière de m'affranchir d'une partie de mon histoire familiale ? Je me pose parfois encore la question.

Quand j'ai prévenu mon père que j'épousais François, il a manifesté sa joie, il ne m'a fait aucune remarque désobligeante ni rappelé cette vieille promesse. Je l'ai dit, il a toujours désiré mon bonheur et encouragé mon esprit de liberté. Mais les membres de ma famille n'ont pas souhaité nous retrouver en région parisienne pour célébrer cette union : dans la tradition du Maroc croyant, les mariages avec des non-convertis à l'islam sont proscrits – le terrible poids de la religion, comme toujours. De toute façon, François et moi avons souhaité un mariage en petit comité. Un couple d'amis d'enfance vivant à Casablanca, Bahia et Jamal, eux, n'auraient manqué pour rien au monde cette fête. Ils ont pris leur billet d'avion et ils nous ont rejoints, le cœur joyeux, impatients de danser et festoyer à nos côtés. François et moi nous sommes dit « oui » à la mairie de Breuillet.

Un mariage républicain, sans les fastes de la cérémonie religieuse.

Après la cérémonie orchestrée par M. le maire et la signature des registres, notre petit groupe d'une trentaine d'invités s'est réuni dans le jardin de notre maison.

Il fait grand soleil. Nous nous changeons et nous allons disputer une compétition… de karting dans un circuit pas loin. Un moment amusant que François nous offre en lien avec sa passion pour les courses de formule 1. D'ailleurs, il a pioché dans ses économies pour acheter une Porsche. L'organisation de cette compétition amicale, c'est sa façon à lui de fêter notre mariage, de nous fabriquer un souvenir original. Et, bien sûr, comme il est superentraîné, il remporte la coupe.

Après cette compétition rigolote, retour à la résidence. Le banquet dans le jardin est garni d'excellentes charcuteries. Mes amis le savent : j'en raffole ! Alors, ils m'ont offert les meilleurs produits. Cette journée de fête en compagnie de nos enfants restera à jamais gravée dans ma mémoire, les cris joyeux des petits et des grands y résonnent encore.

À cet instant, j'ai l'impression d'appartenir à mon pays d'accueil et à son peuple aux multiples origines. Français de souche ou venus d'ailleurs, peu importe après tout, du moment que l'on respecte les valeurs défendues par notre République.

Bien sûr, tout n'est pas rose. Comme je l'ai dit, mes enfants connaissent parfois à l'école des épreuves en raison de leur différence ou de leur origine : patronyme, aspect physique ou manière d'être.

Mais, hors de ce cadre, ils ont trouvé un équilibre dans la nouvelle famille que nous formons. Surtout Taha : en cette période de l'adolescence traversée par tant de questions existentielles et de doutes, il a trouvé auprès de François un référent paternel sur lequel compter, une oreille attentive. Il reçoit de son beau-père de précieux conseils. Dans ses réponses, François veille à ne pas attiser la jalousie entre nos enfants. Il n'a jamais de remarque désagréable sur ma manière d'éduquer, et de mon côté je me garde bien de lui en faire. Il ne pointe jamais la différence de Bilal, son goût pour les poupées et ses manières de se travestir en Pocahontas. Tandis que Jules et Taha jouent dans le jardin à des jeux de guerre, comme beaucoup de garçons, Camille et Bilal, eux, fabriquent des villages avec des Playmobil, ils conçoivent des scénarios, ils délaissent les jeux extérieurs, qui réclament de l'adresse physique. Ils écoutent aussi beaucoup de musique dans leur chambre, surtout de la pop. Un éveil tourné vers l'imagination, la danse, la fibre artistique.

Quand les parents évitent d'imposer aux enfants dès leur plus jeune âge les normes de genre (les garçons jouent à la guerre, et les filles à la dînette), ceux-ci expriment plus volontiers leur sensibilité profonde, loin des images stéréotypées que la société expose à notre regard à travers la publicité, notamment. C'est d'autant plus crucial pour les enfants marqués par une différence et abreuvés de ces représentations hypernormées de pouvoir pleinement s'exprimer dans le cercle familial. François et moi partageons cette conviction, et offrons à cette fratrie recomposée le cadre propice à son épanouissement.

Les relations qui se tissent entre nos enfants vont bien au-delà de la simple amitié. Ni frère, ni amis, je ne sais comment qualifier leur complicité. C'est ici l'avantage des familles recomposées où deux histoires de famille se rencontrent et doivent inventer un territoire commun. Chacun se voit contraint de sortir de ses habitudes et de créer une autre façon d'être ensemble, d'aller vers l'autre, bref d'instaurer de nouveaux modes relationnels. Il y a comme une forme de diplomatie du vivre ensemble, un apprentissage pour s'entendre et trouver un nouveau langage.

François est intermittent du spectacle pour le compte d'une chaîne de télévision, un métier très prenant. Mais, quand il se retrouve à la résidence, son grand plaisir, c'est de jouer avec les enfants et de trouver les réponses à leurs questions pour les aider à bien grandir. L'apprentissage du vélo a par exemple été toute une histoire pour Bilal…

Il a six ans en ce mois de mai 2005, il est temps qu'il apprenne à rouler à vélo comme les plus grands. Mais il refuse d'enlever les petites roues, car il a peur de perdre l'équilibre, il a peur de tomber dans l'eau du lac, une peur qu'il a développée tout petit, je ne sais pas pourquoi. Alors il se crispe sur son vélo, il est bloqué, il ne progresse pas. Chaque dimanche après-midi, François organise une séance d'apprentissage. Il l'emmène sur la piste autour du lac et il l'encourage : « Allez Bilal, tu es fort, tu es grand. Regarde, tu es capable de marcher en ligne droite les yeux fermés, alors tu sais garder l'équilibre. » François utilise tous les stratagèmes : il enlève une roue, puis une seconde, il tient la selle sur une courte distance pour le rassurer avant de lâcher prise. Taha et moi, assis sur un banc, on regarde ces séances d'entraînement tout en discutant. Ce jour-là, Bilal semble avoir franchi un cap dans son apprentissage, il a pris de l'assurance, il dit à François : « Je suis grand maintenant, je peux rouler tout seul. »

Il s'élance, il roule un peu, mais soudain les canards qui batifolent sur le bord de la pelouse se dirigent vers lui, ils ont reconnu le petit garçon qui vient souvent leur donner des morceaux de pain. Les canards ont très faim, ils font des coin-coin, le bec pointé vers Bilal, ils avancent vers lui. C'est la panique. Pourchassé par cette horde de canards furieux, Bilal accélère, mais le vélo se met à zigzaguer, et le petit perd le contrôle de cette infernale machine à roulettes et se rapproche dangereusement du lac. François bondit, le rattrape, il le saisit et le serre dans ses bras. Mais

Bilal ne s'est pas rendu compte qu'il est sauvé, il continue à pédaler dans le vide. Scène burlesque. Ce jour-là, on a bien ri. C'est avec ce genre de péripétie amusante de la vie quotidienne que notre famille se construit et se fabrique des souvenirs et des attaches.

François travaille tous les dimanches matin. Alors j'en profite pour perpétuer le rituel que j'ai instauré après mon premier divorce : le confessionnal du dimanche. Non, je ne me prends pas pour une femme prêtre, juste une maman qui expérimente des manières de parler avec ses enfants. Tous les parents le savent, certains sujets tabous, comme le sexe, sont difficiles à aborder avec les enfants. Nous, les adultes, nous ne sommes pas forcément les plus armés ou formés à ce type d'échanges et pouvons manquer parfois de psychologie, ne pas toujours mesurer la résonnance que nos propos peuvent trouver en eux. Pourtant, en tant que parents, nous sommes conduits à répondre aux questions de nos enfants dans la seconde. Des questions inattendues, surprenantes, qui s'expriment sans tabou, sans le filtre régulateur du subconscient. Ainsi nous sommes conduits à fixer des limites et à prononcer une sentence ou un jugement, par exemple en cas de conflit entre nos enfants. De cette façon nous sommes conduits à dénouer des peurs, à nous projeter dans l'imaginaire des enfants où notre place, en tant que parents, constitue justement à la fois le problème et la solution à leurs interrogations. Ces demandes peuvent nous plonger dans un abîme de perplexité, nous y sommes rarement préparés. Bref, il n'existe pas d'école des parents.

En tant que mère et éducatrice, je me suis fixé une règle absolue, qui consiste à ne jamais m'immiscer dans la vie intime de mes enfants. Je n'ai jamais dérogé à cette règle. Dès qu'ils ont été en âge de comprendre, j'ai fait passer le message suivant : « Je suis à votre écoute, vous venez me parler quand vous le souhaitez. »

Mais pour faire surgir cette parole, j'ai mis en place des dispositifs bien spécifiques.

Le dimanche m'est apparu comme un jour précieux, je ne travaillais pas et les courses avaient été faites la veille. Le matin au réveil, ils sont autorisés à me retrouver dans ma chambre et à s'allonger sur mon lit à mes côtés. Non, ce n'est pas un rendez-vous pour une bataille de polochons, mais plutôt un moment d'échanges privilégié qu'ils se sont approprié. Il repose sur une règle d'or : « Oubliez que je suis votre maman et posez-moi toutes vos questions. »

La première fois, ils ont été plutôt dubitatifs : « C'est vrai, maman, tu vas répondre à toutes nos questions ? »

Après quelques minutes de flottement, le jeu commence à bien fonctionner. Mon statut de mère s'efface peu à peu pour céder la place tantôt à une magicienne détenant les secrets de la vie, tantôt à une conteuse d'histoires, tantôt à la meilleure amie de la résidence… De cette façon, à mesure que leurs questions fusent, je découvre leurs pensées, leurs peurs, leurs espoirs, leurs interrogations. En voici un florilège.

Tout d'abord, les questions de Taha, qui me reviennent dans le désordre : « Est-ce que tu l'as aimé, papa ? On aura bientôt un petit frère ou une petite sœur ? Plus tard, tu voudras retourner vivre au Maroc ? Nous, on préfère rester ici. Est-ce qu'on est vraiment des Français, parce que tu sais, à l'école, on m'a dit que j'avais les cheveux trop bouclés pour être de ce pays et que mon prénom, il n'est pas beau. »

Et puis celles de Bilal : « Dis maman, je pourrai te coiffer bientôt ? Tu crois que je pourrai emmener mes poupées à l'école ? Est-ce que deux filles peuvent s'aimer et vivre dans la même maison ? C'est qui ta chanteuse préférée ? »

La parole se libère. En retour, je livre mon expérience, je donne des exemples, j'essaie de leur montrer qu'il y a plusieurs façons d'examiner un problème. Que les choses ne sont jamais figées une fois pour toutes.

Un autre rituel s'est instauré, je l'ai appelé La Table des savoirs : il s'agit de la table basse du salon, qui se trouve devant le canapé où nous avons l'habitude de nous retrouver pour regarder la télévision. La journée, quand mes enfants sont à l'école, je dépose sur cette table une sélection de revues éducatives traitant de sujets de société ou d'actualité. Par exemple, les effets dangereux de la drogue sur le cerveau, les ravages du sida… Mais aussi des magazines de mode, très appréciés par Bilal.

Sur cette table trônent en permanence des incontournables devenus les classiques de notre maison : la revue *XXI*, *Le Prophète*, de Khalil Gibran, *Casablanca, mythes et figures d'une aventure urbaine*, de Jean-Louis Cohen et Monique Eleb, les revues *Vogue* et *Gala*, le magazine *Auto-Moto* (contribution de François), *Familles du monde entier*, de Sophie Furlaud et Pierre Verboud. En fonction de l'actualité de la semaine, j'achète les quotidiens suivants : *Le Monde, Libération, Le Figaro, Le Parisien* et quantité de magazines spécialisés. Parfois nous allons ensemble acheter des livres et des revues. Les garçons disposent chacun d'un budget pour ces achats, mais Bilal le dépasse presque tout le temps pour s'offrir des magazines de mode.

Le soir, quand ils rentrent, ils découvrent de nouvelles lectures sur cette table des savoirs. Ils savent qu'ils peuvent consulter librement ces ouvrages, sans mon autorisation. Assis tous les trois sur le canapé, on se lance dans un jeu : ils lisent à haute voix et ensuite ils me posent des questions. M'appuyant sur l'argumentaire développé dans l'article tout juste lu, j'en prolonge la thématique et le propos. Les enfants comprennent que nous sommes nombreux à réfléchir.

Le canapé du salon est ainsi devenu un cabinet de lecture, mais aussi une école vivante, une école domestique des apprentissages.

À l'école élémentaire de Bilal, il y avait une classe composée d'élèves autistes, et mon fils ne connaissait pas cette maladie. Alors nous avons fait des recherches ensemble sur Internet et dans la presse. Je lui ai montré que nous ne sommes pas censés tout connaître. Le savoir est aussi à conquérir. Ensuite il m'a expliqué qu'il avait pris la défense d'un enfant souffrant de cette pathologie, ce qui lui avait valu d'être bousculé par un groupe d'une autre classe.

Parfois, je lance un thème en énonçant une phrase. Par exemple : « Je suis amoureux. » Chacun décrit ce qu'il ressent, ce qu'il sait à ce sujet. Cela donne lieu à un débat.

Une publication dans la pile a beaucoup de succès : *Le Guide du zizi sexuel*, le célèbre ouvrage d'éducation sexuelle et son personnage, Titeuf. Là encore, comme beaucoup d'autres parents, je m'appuie sur le texte, mais aussi sur les images, les situations, pour mettre en scène mes réponses de façon ludique et pédagogique. Je troque mon statut de mère pour celui de l'amie de Titeuf, de ses parents, de ses professeurs.

Grâce à ces échanges, je leur fais comprendre que je suis une adulte avec des doutes. Certes, j'incarne l'autorité, mais j'ai aussi mes faiblesses. Il y a des choses que je ne sais pas, certaines questions ne trouvent pas de réponses immédiates. Et je tourne tout à la dérision pour désacraliser la sexualité : « Titeuf, aide-moi, elle est où la page qui parle de ce sujet ? » Je cherche dans la table des matières, je lis à mon tour le texte à voix haute. La discussion s'enclenche. Je peux présenter la sexualité comme une chose naturelle et que nous vivons tous avec des joies et parfois des peines.

Rali, le père de mes enfants, n'a jamais abordé ce sujet sans y mettre de la tension, du conflit et des interdits en raison de ses croyances religieuses. J'ai dû pallier ces manques et, à chaque attaque, rassurer Bilal s'agissant de son orientation sexuelle. Non, il n'est pas un monstre, l'amour n'est pas un domaine seulement réservé aux personnes hétérosexuelles. Dieu n'a jamais interdit l'homosexualité : seuls les humains l'ont empêchée et condamnée.

Autrefois, la sexualité était un sujet absent des conversations familiales : au Maroc, les parents de ma génération la présentaient comme quelque chose de sale. Elle apparaissait tel un vice, une manifestation maléfique cachée dans l'ombre de nos vies intimes, suscitant angoisses, blocages et violences.

Pour ma part, je n'ai jamais imposé de codes couleur à mes enfants concernant leurs tenues vestimentaires. Je l'ai dit, je n'ai pas interdit à Bilal de jouer à la poupée, je n'ai pas tenté de lui imposer des jeux attribués aux garçons, comme les courses de voitures, les jeux de construction avec des grues ou des camions… De la même façon, j'ai laissé Taha s'émanciper dans les activités de son choix.

Chaque famille peut inventer sa propre école domestique en fonction de son histoire et de sa culture. Les livres et les jeux offrent aux parents des moyens simples et souples d'échanger avec leurs enfants. Il existe mille et une façons d'aborder les questions de sexualité et de genre avec eux. À vous d'inventer la vôtre. La pédagogie s'apprend et se renouvelle au fil de nos lectures et de nos expériences. Mais si nous voulons un monde meilleur demain, plus égalitaire et tolérant, laissons nos enfants vivre en vertu de leur sensibilité, tout en leur inculquant les valeurs universelles de tolérance et de respect d'autrui.

III

Femme, mère et manager dans une société hypernormée

– 8 –

Malédiction patriarcale

Août 2010. Quatre heures du matin. Parking, aéroport de Roissy. Je gare ma voiture entre les deux bandes blanches peintes sur le sol éclairé par les néons gris. Niveau moins trois. Je coupe le moteur, je détache ma ceinture de sécurité, je ferme les yeux et je m'assoupis. Les images de ma vie défilent sur l'écran de mon imagination. Je dois prendre une décision. Un nouveau tournant s'annonce.

Une heure plus tôt, j'ai eu une terrible altercation avec François dans notre maison de Port Sud. Je ne me souviens plus comment elle a éclaté. Ces derniers mois, je suis beaucoup sortie le soir avec mes amies. Après ces années de tension pour élever mes enfants dignement et surmonter les obstacles, j'ai éprouvé un grand besoin de lâcher prise, de jouir de cette liberté pour laquelle je m'étais battue.

Justement, je ne voulais plus me battre pour elle, mais vivre pour elle. Libre, libre, et « cheveux au vent », comme le dit parfois Bilal.

François ne comprenait pas ce désir. Je lui ai pourtant expliqué. Lui, il avait fait la fête dans sa jeunesse, il avait eu une grande part d'ivresse, de folie, de déraison. Il lui arrivait encore de retrouver ses copains et de prendre du bon temps. Et c'était bien légitime, nous avons tous besoin de ces retrouvailles avec les amis de toujours, pour refaire le monde et se croire capable de soulever des montagnes. « Alors, tu vois, François, lui ai-je dit, j'ai quarante-quatre ans et moi aussi je veux croire que ma jeunesse ne s'est pas encore enfuie, il me faut entretenir cet espoir bien au chaud dans mon cœur, il me faut partager des soirées avec mes copines et rire, rire et oublier les années compliquées. Alors, si tu m'aimes, s'il te plaît, ne me juge pas, laisse-moi vivre ce moment. »

Mais non, la jalousie a commencé à le ronger très fort. Cet acide qui brûle la confiance et tue à petit feu. C'est d'abord une petite remarque, puis viennent les reproches et enfin la colère et les disputes. Les corps s'éloignent. On ne reconnaît plus cet autre qu'on a aimé. Il y a quelques mois encore, on se croyait à l'abri de cette déchirure, on se croyait intouchables. Et finalement elle nous rattrape, nous étouffe sous son aile sombre.

Maintenant me voici enfermée dans ma voiture, face à un mur de béton gris au sous-sol de l'aéroport. L'avion de Taha et Bilal en provenance de Singapour atterrit à 7 heures. Plus que quelques heures à attendre dans ce parking. J'ai hâte de retrouver mes enfants. J'espère que votre père a été gentil avec vous, parce que votre maman est un peu lasse ce soir, un peu désespérée aussi. Et je ne sais pas encore ce que je vais décider.

J'ouvre les yeux. 6 h 30. J'ai un peu dormi. Dans les allées éclairées par les néons, quelques voitures circulent et cherchent une place. C'est un ballet timide à cette heure matinale, mais bientôt l'activité humaine reprend son rythme effréné. Devant le miroir du pare-soleil, je mets du rouge à lèvres. Je me refais une petite beauté. C'est l'heure… Je me rends au terminal des arrivées. Dans la foule des voyageurs, je cherche le visage de mes enfants. Qu'est-ce que je vais bien pouvoir leur raconter à propos de ma dispute avec François ? Avec quels mots ? Je me sens mal, surtout ne rien montrer, faire bonne figure.

Et là, j'aperçois Bilal, il m'a repéré aussi et se jette dans mes bras. « Mais tu es tout seul ? Où est Taha ? »

Le steward d'Air France qui accompagne mon fils m'explique que Taha se trouve pour l'instant dans la zone internationale de l'aéroport et ne peut passer la douane, car il a perdu son passeport pendant l'escale à Bangkok. « Avez-vous sa carte d'identité ou un livret de famille à titre de justificatif ? » Évidemment je n'avais aucune de ces pièces sur moi. Je suis partie précipitamment de la résidence Port Sud, après le chaos de la dispute… Et je n'aurais de toute façon pu imaginer un tel scénario. Le steward nous conduit auprès de Taha dans la zone internationale. Nous sommes heureux de nous retrouver. D'emblée, il s'excuse pour tout ce tracas : « Je ne sais pas comment j'ai pu perdre ce passeport, me dit-il. Il a dû tomber de ma poche. À croire que je ne sais plus à quel pays j'appartiens, maman. » Je le rassure, le serre dans mes bras puis le regarde dans les yeux.

Il fronce les sourcils, comme s'il avait perçu mon trouble. Je souris pour me donner une contenance et je lui dis que nous allons chercher sa carte d'identité à la maison. Nous serons de retour dans deux petites heures. Il est en sécurité ici, sous la protection du steward. Il a de quoi se restaurer, lire, écouter de la musique. « Ne t'inquiète pas, maman, je vais rester là, bien tranquille. Je ne peux aller nulle part de toute façon. »

Dans la voiture en direction de Breuillet, je serre les mâchoires. Bilal trépigne de joie sur son siège, il me bombarde de questions : « Comment il va, Camille ? Il m'a trop manqué. Dis maman, je pense à une chose : ma chambre, tu ne voudrais pas qu'on la repeigne ? Quelque chose de très coloré, de plus joyeux. Je voudrais coller au-dessus de ma table un poster de Shakira et de Michael Jackson. Bon, j'ai pensé que pour le prochain anniversaire de François, on pourrait lui offrir une place pour le prix de formule 1 de Monaco, non ? J'ai trop hâte d'aller voir la mer en Bretagne dans la maison de vacances de mamie Marie-Claire et papi Michel. »

Je ne sais pas trop quoi lui répondre. Quand je vais lui annoncer que tout cela est bien fini, que nous allons quitter la maison de Port Sud, que nous allons commencer une autre vie, – d'ailleurs laquelle, au juste ? –, quand il entendra ces mots, Bilal sera effondré. Et Taha, qui considère François comme un second père… Comment lui expliquer que cet homme n'est plus le même ? Comment lui expliquer que nous, les adultes, nous avons parfois du ressentiment ? Et que nous, les femmes et les mamans, nous avons une vie difficile, toujours sous la pression des hommes, toujours obligées de nous battre… Nous battre pour le futur de nos enfants qu'on espère meilleur, plus égalitaire entre les filles et les garçons, et c'est pour cela qu'il faut préserver notre liberté.

Je hoche la tête de façon mécanique. Bilal me dévisage, il me lance : « Maman, ça ne va pas ? » Je lui réponds que tout va bien, je serre davantage les mâchoires, je suis broyée à l'intérieur.

Nous arrivons devant la maison. « Tu m'attends là, Bilal, je vais chercher la carte d'identité de Taha et je reviens. » « Mais maman, j'ai trop envie de voir ma chambre. » « Bon d'accord, viens avec moi. »

Je glisse la clef dans la serrure, je pousse la porte. François n'est pas là, les enfants sont chez leur maman, qui habite également Port Sud. Une nouvelle altercation avec François devant les enfants serait catastrophique.

Nous repartons. Et, une heure plus tard, nous retrouvons Taha à Roissy. Je règle les formalités au poste de douane. Puis retour à la maison, cette fois-ci pour un adieu. Interminable journée. Une impression d'être enfermée dans une boucle temporelle.

Sur la route, les voitures me doublent. Je suis concentrée sur ma conduite. Comme je me sais fragile et perturbée, je roule un peu en dessous de la vitesse autorisée. Le soleil d'août, bien que généreux, peine à adoucir la douleur qui pèse sur mon cœur. Dans le rétroviseur, j'observe le visage de mes enfants, ils sont fatigués par le voyage en avion mais aussi heureux de retrouver bientôt leurs habitudes, comme ils le pensent. Nous approchons de Breuillet, il est temps de leur parler, je respire un grand coup et je déclare : « Les garçons, j'ai quelque chose à vous dire. Quand nous serons à la maison, vous allez rassembler les affaires les plus importantes pour vous. Car je quitte François, il n'a pas été gentil avec moi, je ne peux plus vivre cette situation. Nous allons chercher un autre appartement. »

C'est le choc. Mes deux enfants sont sonnés, ils se terrent dans le silence à l'arrière du véhicule. Je cherche leur regard dans le rétroviseur, ils détournent la tête. Je ne sais plus comment meubler la conversation.

Nous arrivons à la maison, toujours déserte. Dans un silence religieux, ils prennent l'escalier pour monter dans leur chambre. Je leur rappelle de ne prendre que l'essentiel, je reviendrai dans la semaine pour récupérer la totalité de leurs vêtements et de leurs affaires.

Quelques minutes après, mes deux garçons sont de retour dans le salon. Bilal a rassemblé dans deux gros sacs ses poupées, ses doudous. Voilà ce que signifie l'essentiel pour mon cadet. Taha, lui, tient une simple pochette dans laquelle se trouvent divers titres primordiaux pour lui : son diplôme de plongée et de tennis, sa certification de go et trois mangas de Naruto.

Comme si nous devions partir pour toujours sur une île déserte, il y a dans leur sac leur vie réduite à ces objets. Taha me demande : « Alors, c'est fini, on ne reviendra plus ici ? »

« Probablement pas. Allez, maintenant dites au revoir à cette maison. » On retient nos larmes. Je referme la porte de la maison, laissant derrière moi six années de vie amoureuse dans cette famille recomposée et maintenant décomposée.

On reprend la voiture en silence. On aurait pu chanter comme les forains dans le film de Jacques Demy : « Un jour ici, un jour ailleurs, nous vivons libres et sans attaches, nous voyageons de ville en ville, la route est notre domicile… » Mais nous n'avons pas le cœur à cela !

En l'occurrence la route ce jour-là nous conduit dans le studio de ma nièce Imane, tout proche, à Arpajon. Le temps de trouver un nouvel appartement, nous allons vivre dans ces vingt-cinq mètres carrés : ce sera le camping pour quelques semaines, mais au moins nous avons un toit.

Plus tard dans la journée, je retrouve François dans la maison de Port Sud. La boule au ventre, je lui annonce que notre histoire s'achève ici. Il semble surpris. « Tu ne veux pas qu'on se donne une nouvelle chance ? »

« Désolé, lui dis-je, le charme est rompu, je dois me protéger, je dois tracer ma route et toi, la tienne. Je préfère partir et souffrir plutôt que d'abandonner une seule miette de ma liberté de femme. Tu comprends ? » « Je ne sais pas. »

Nous pleurons, nous nous embrassons une dernière fois.

Quelques jours plus tard, Camille et Julien, les fils de François, viennent nous rendre visite dans notre studio. Camille, le plus jeune, a l'air très affecté, il me demande aussitôt : « C'est bien vrai, tu quittes papa ? » Je lui confirme cette douloureuse nouvelle. Son visage s'assombrit, il penche la tête vers moi et il me dit : « Alors moi, je veux vivre avec toi. » Les paroles de cet enfant auquel je suis très attachée me chagrinent énormément. J'essaie de lui expliquer calmement les choses, en évitant d'ajouter à sa peine. « Tu sais, Camille, tu as un papa et une maman. Je ne peux pas les remplacer.

De plus, je n'ai aucun droit sur toi. » Ce dernier argument est sans doute un peu trop juridique pour ce jeune garçon, il me répond à sa manière : « Et le droit d'aimer ? Qu'est-ce qu'on en fait ? »

Notre campement dans le studio d'Imane s'organise : Taha et Bilal dorment sur un matelas gonflable prêté par une voisine de Port Sud, et moi sur une couverture à même le sol à cause du manque de place. De toute façon, je me moque de mon confort du moment que celui de mes enfants est assuré.

Le 9 septembre, jour de l'anniversaire de Bilal, approche. En guise de cadeau, avant le départ des garçons pour Singapour, j'avais acheté des billets pour un séjour au Futuroscope de Poitiers. Malgré ma détresse affective et nos conditions de vie précaires, je maintiens ce séjour. Au contraire, allons vers la lumière et la joie, ne capitulons pas. À ma demande, ma nièce Imane nous accompagne : son soutien moral m'est précieux.

Cette échappée dans le parc d'attractions poitevin nous apporte une grande bouffée d'oxygène. Nous sommes logés dans un hôtel confortable, les garçons ont apprécié les activités de la journée mais je les sens fragilisés par ma rupture avec François. Le soir, au restaurant de l'hôtel, je profite de ce moment plus détendu pour m'expliquer davantage. Je connais la vertu de la parole, il me faut les rassurer : « Écoutez, les enfants, notre vie va encore changer, cela vous paraît peut-être excessif. Vous vous posez beaucoup de questions, et ne comprenez pas les raisons qui m'ont poussée à prendre cette décision. Je vais essayer de vous expliquer. » Alors je leur dis avec des mots simples ce qu'au fond de moi je ressens. Je leur raconte cette conviction profonde que j'ai toujours eue de croire en la liberté de l'être humain, cette liberté, dont parfois nous sommes privés, et dont l'absence m'a déjà fait quitter leur père par le passé. Je leur rappelle combien précieux est ce trésor. Qu'il ne faut jamais y renoncer, même si certains essaient de nous l'enlever. Je leur parle aussi du droit à être heureux, un but vers lequel j'essaie de tendre, et qui est sans doute le seul qui nous pousse à vivre et à prendre parfois des décisions capitales. Du chemin vers le bonheur, souvent long et parsemé d'obstacles, et qui implique des choix. J'aurais pu essayer d'apprendre à vivre malheureuse en restant aux côtés de François et de me satisfaire du confort matériel et financier que m'offre cette relation, de m'accrocher désespérément à cette stabilité sociale. J'ai décidé d'y renoncer. Et cela repose sur ma liberté de femme et de mère. « Voilà pourquoi j'ai choisi de rompre avec François, quitte à perdre mes habitudes, des amis, des repères, et à vous les faire perdre aussi. Je le fais pour moi, mais je le fais pour vous également. Je sais que la vie devant nous promet encore de belles découvertes. Nous allons nous remettre en selle et repartir, en douceur. D'accord, les enfants ? »

Taha me répond : « Je comprends, maman. Le plus important, c'est de rester tous les trois ensemble, toi, mon petit frère et moi. » Bilal, lui, se projette déjà dans le futur, en positivant, il me dit : « En tous les cas, maman, nous allons rentrer à Arpajon où tu vas trouver un appartement, n'est-ce pas ? Nous continuerons à voir François le week-end. Camille viendra jouer avec moi dans notre nouvel appartement. Tout ira bien, maman. »

En octobre nous emménageons en effet dans un appartement à Arpajon, tout près de notre ancien domicile. Comme Bilal le souhaitait, je ne voulais pas que cette séparation soit trop brutale. Ainsi mes enfants ont conservé des liens avec ceux de François et avec leur environnement. Taha a pu continuer ses activités dans les clubs de sport : kayak, tennis, plongée et, bien sûr, jeu de go. Cette rupture a été une sorte d'apprentissage. Il a dû trouver des stratégies pour apprendre à se détacher petit à petit de François. Malheureusement, la nouvelle conjointe de François se perd, elle aussi, dans la jalousie, et j'ai fini par couper tous les liens avec mon ex-mari et ses enfants.

Bilal, lui, a appris à modérer ses achats de disques et de vêtements, à se satisfaire du minimum, à vivre de façon plus modeste, ce qui n'est pas si mal au fond. Tous les deux ont souffert de mes séparations, celle avec leur père et puis cette dernière avec leur beau-père ; Taha peut-être davantage que Bilal. Étant plus âgé que son frère, il conserve plus de souvenirs de son père quand il vivait avec moi, des souvenirs avec lesquels il doit négocier sur le plan affectif. En outre, la relation avec François lui a été d'un grand secours alors qu'il traversait l'adolescence. Et, par conséquent, ce manque est d'autant plus prégnant.

On le sait, les ruptures sont malheureusement des épreuves partagées par de nombreux parents et leurs enfants. Nous sommes contraints de les surmonter et de faire en sorte que ces expériences douloureuses nous enrichissent.

Quelques mois plus tard, une nouvelle expérience amoureuse va me révéler un aspect de cette malédiction patriarcale qui s'abat sur nous, les femmes : non pas la jalousie comme dans le cas de François, mais le mépris de la différence, et la violence…

En 2012, je rencontre un homme, père d'une jeune fille, avec lequel je vivrai quelques mois avant de comprendre qu'il est terriblement homophobe : il ne supporte pas les comportements de Bilal, ni sa coiffure, ni ses vêtements, ni ses amis, ni les musiques qu'il écoute. Rien ! Il le maltraite et le juge en permanence. Un jour, Bilal m'appelle en panique au bureau : « Maman, il a retiré la porte de ma chambre, viens vite à mon secours ! »

Quand je songe à la violence de ce geste, qui privait Bilal de son intimité, je suis encore stupéfaite. Il lui retirait toute dignité, le méprisait.

Cette attaque abominable a eu lieu peu avant l'été. Bilal était en grande souffrance face à cet homme.

Comme chaque année, il prend l'avion avec son frère pour se rendre chez leur père à Singapour Avant de partir, je lui promets qu'à son retour, fin août, nous aurons notre appartement, avec une chambre pour lui tout seul. Que jamais plus il n'aura de contact avec cet individu. J'ai tenu ma promesse.

En plus d'être homophobe, cet homme voulait que je sois femme au foyer, que je renonce à mon activité professionnelle et à mon indépendance.

Au début, il s'était montré aimable et charmant, je me suis laissé séduire, sans trop me méfier. Puis, peu à peu, il s'est révélé menaçant.

À la lumière un peu sombre de cette expérience, je me pose cette question : pourquoi les hommes dans leur grande majorité ont-ils tant de mal à accepter la liberté des femmes ? Pourquoi tant de violence de leur part ? Cette domination masculine érigée en système partout dans le monde ne serait-elle pas à l'origine de la grande crise que nous traversons aujourd'hui ?

Il faut le rappeler : cent deux femmes sont mortes en France en 2020 sous les coups de leur conjoint ou de leur ex (chiffre du ministère de l'Intérieur). Ces féminicides frappent tous les pays où les hommes dominent la société, c'est-à-dire presque partout. En plus de ces meurtres, il existe de nombreuses violences sexuelles contre les femmes : difficile de mesurer leur étendue exacte, car beaucoup d'entre elles n'osent pas aller porter plainte à la police. Malgré le mouvement #meetoo, les hommes se sentent toujours autorisés à frapper les femmes… Pourquoi ?

Comment imaginer aujourd'hui qu'un mouvement comme Incel (contraction de l'anglais *involuntary celibate,* « célibataire involontaire »), dont l'influence grandissante a été révélée par des études universitaires, trouve un terreau si fertile ? Ces groupes d'hommes très actifs sur les réseaux sociaux se considèrent comme des célibataires involontaires par la faute des femmes, qu'ils poussent à haïr et même à détruire. Rien que cela !

Alors, face à cette violence que j'ai pu rencontrer, mon désir de liberté n'a fait que croître.

Tout au long de cette période, je me suis posé cette question : comment protéger un enfant différent sans perdre ma dignité de femme, sans me refuser le droit d'aimer dans un monde formaté par le pouvoir masculin ? Je n'ai pas encore de réponses bien claires ni définitives. Mais depuis ce moment, presque mécaniquement, j'en suis venue à vivre mes histoires d'amour le plus discrètement possible, sans en parler à mes enfants, une façon de les protéger ; et je me suis principalement consacrée à l'éducation de mes enfants et à mon travail. En me battant corps et âme pour ma liberté de femme – aujourd'hui encore la tâche est rude –, je pense leur transmettre aussi mon esprit de combat. Car, ce qui compte le plus pour moi, c'est de préserver la sensibilité de mes enfants, celle de Bilal en particulier.

– 9 –

La défaite n'existe pas

2014. Nous avons emménagé dans un appartement à La Plaine Saint-Denis. Bilal est maintenant un jeune garçon de quinze ans qui a pris un peu d'assurance depuis son coming out et le bon accueil de son nouveau lycée dans le 16e arrondissement. Ce samedi matin, il s'est réveillé et s'est mis à chantonner dans la cuisine. Tout excité, il me confie qu'il a une bonne nouvelle à m'annoncer : « Tu te souviens de Némo, que j'ai rencontré à l'Académie ? Il a participé à la première saison de l'émission *The Voice Kids*. Tu te rends compte, maman, il a envoyé ma démo à la production de l'émission sans me prévenir. Et tu sais quoi, j'ai été sélectionné ! C'est super, non ? »

Je suis très heureuse pour lui, mais lui demande de ne pas trop s'emballer. Il acquiesce d'un mouvement de tête, un peu chagriné toutefois par ma réaction nuancée et retenue.

Taha sort de sa chambre, il me regarde, dresse deux doigts en formant le V de la victoire, et me lance : « Mon petit frère, c'est un bon, il va tout déchirer à *The Voice Kids.* » La solidarité de Taha à l'égard de Bilal ne faiblit pas, au contraire : il est son premier fan, en plus d'être un frère au grand cœur. Après son expérience éphémère dans l'armée, Taha se retrouve à la maison sans travail et réfléchit à son avenir : sa quête de lui-même se poursuit, alors que Bilal est porté depuis toujours par sa passion pour le chant.

Ce matin encore, en observant la réaction positive de Taha, je suis rassurée sur ce point : il n'existe aucune rivalité entre les deux frères, contrairement à ce qu'il m'est arrivé de redouter. Cela arrive souvent dans les familles où s'exercent les tensions, la jalousie ou le favoritisme qui détruisent les liens entre les enfants. Aujourd'hui, alors que Bilal connaît un début de succès et attire à lui la lumière des projecteurs, l'entente entre mes deux enfants s'est au contraire renforcée. À ma grande fierté. J'espère qu'elle va durer et me surprendre avec de nouvelles complicités. Mes craintes de voir apparaître des conflits ont cette fois encore été balayées. L'amour fraternel est un cadeau que l'un et l'autre se sont offert.

Le temps qui s'était comme figé après l'annonce de Bilal reprend sa course. Taha file à son club de go, Bilal et moi partons pour l'Académie internationale de danse, où Bilal a un cours cet après-midi.

Plus tard, alors que je suis de retour à l'appartement, seule face à moi-même, mes pensées commencent à s'agiter.

Je m'assieds dans le canapé, tout en me disant que le moment tant attendu par mon jeune fils se présente enfin : chanter pour le public à une heure de grande écoute et émouvoir le cœur des téléspectateurs. Tous ses efforts n'ont pas été vains, ils ont un sens et conduisent à cet instant. Mais alors que ce moment approche, ma joie est contrariée par l'angoisse que je sens naître au creux de mon ventre…

Comment vais-je protéger mon petit si le succès arrive d'un coup ? N'est-il pas trop jeune pour cela ? Ne devrais-je pas lui conseiller de se préparer encore avant d'affronter le public sur les plateaux de télévision ? Pourra-t-il faire de sa différence une force ? À cet instant, je comprends que je serai dorénavant tiraillée entre mon cœur de mère soucieuse de protéger mon petit et, en tant que représentante légale de Bilal, mon rôle de conseil artistique auprès de ses interlocuteurs, producteurs et diffuseurs. Je ne sais pas encore que je serai bientôt sa manager à part entière, un métier qui va s'imposer à moi par la force des choses et que je vais apprendre à connaître peu à peu. Lorsque nous rencontrons ces interlocuteurs et partenaires, Bilal me présente comme étant sa « momager », une contraction de l'anglais *mother* (mère) et de manager. Je trouve ce mot-valise assez touchant et inventif.

En attendant, comment allais-je concilier ces deux fonctions ? Mère et manager pas vraiment encore officialisée… Cela est-il possible ?

Je cherche des exemples similaires dans l'histoire de la pop-musique, je songe à la famille Jackson, à ce père devenu un tyran pour ses cinq enfants alors lancés sur la scène américaine, le célèbre groupe des Jackson Five. Je songe aux souffrances endurées par le petit Michael, qui deviendra bientôt une star interplanétaire. Je songe à la jeune Aretha Franklin et à son père, pasteur et chanteur de gospel dont la mainmise autoritaire sur la carrière de sa fille interdisait à Aretha d'exprimer son art hors des canons traditionnels. Je songe aux blessures de Tina Tuner, qui a subi les terribles violences de son mari et agent. Je songe aussi à Britney Spears, l'égérie de Bilal qui avait repris sa danse dans la cour du collège avant d'être montré du doigt. Au destin tragique de cette jeune femme martyrisée par son père qui a mis la main sur sa fortune et l'a privée de la garde de ses enfants avec la complicité d'avocats véreux.

Ces violences trahissent là encore la brutalité de la domination masculine.

Ces histoires me montrent les pièges à éviter : la folie des grandeurs, l'excès, la manipulation mentale, le despotisme, l'asservissement. Je vais longtemps me souvenir de ces histoires de soumission du show-business comme des piqûres de rappel chaque fois que le besoin s'en fera sentir.

Dans ce moment étrange où l'on se trouve au pied d'une gigantesque montagne qu'il faut gravir, j'essaie d'être le plus honnête possible avec moi-même, d'ausculter en profondeur mes émotions et les enjeux humains dans cette aventure. Je pense à ces années qui ont filé si vite, à cette vidéo que j'avais tournée en 2002, quand Bilal avait deux ans : il chantonne un air de Freddie Mercury alors qu'il ne parle pas encore. En visionnant de nouveau ces images il y a peu, j'ai été bluffée et j'ai compris qu'il était habité par le chant bien avant l'acquisition du langage.

Quatre ans après, on m'a proposé de l'inscrire à des castings pour des films publicitaires et des shootings de mannequinat. J'ai toujours refusé ces invitations, car je voulais tenir mon fils éloigné de ce monde, le protéger. On ne ressort pas indemne d'un casting si l'on n'est pas retenu. Cela peut être vécu comme une humiliation, surtout si jeune, à l'âge de l'innocence, avec des conséquences catastrophiques pour l'équilibre psychique de l'enfant. Alors prudence ! En outre, je ne me sentais pas capable d'assumer cette responsabilité à cette période de ma vie. J'ai préféré l'inscrire à des formations de musique et de danse, lui laisser le temps de grandir pour vérifier la permanence de son désir de chanter. Tout d'abord, Bilal a pris des cours au conservatoire, du CP jusqu'au CM2, soit pendant cinq ans. Taha a également suivi cet enseignement pendant trois ans, mais il a ensuite préféré se consacrer à ses activités sportives, tennis et canoë-kayak, comme je l'ai dit dans un chapitre précédent. J'ai toujours fait en sorte d'encourager mes enfants à pratiquer des activités extrascolaires variées, de manière à ce qu'ils rencontrent de nouvelles personnes venues d'horizons différents et s'émancipent dans cette altérité : un fondement de ma philosophie en matière d'éducation.

Pendant ces années de conservatoire, Bilal se plaint souvent de maux de ventre : « J'ai comme une boule », me dit-il souvent. Ses émotions le débordent, il ne parvient pas à les contrôler et vit mal sa passion pour le chant. La forme académique de ces cours, basés en priorité sur l'apprentissage du solfège, ne lui convient pas, cet enseignement lui paraît réducteur. Alors, entre la sixième et la quatrième, je lui offre des cours particuliers avec deux professeurs : l'un de chant et l'autre de guitare.

Puis, entre la seconde et la terminale en horaires aménagés, je l'ai dit, sa formation à l'Académie internationale de danse (AID) a été aussi l'occasion de rencontrer d'autres jeunes personnes passionnées de musique et de danse comme lui et d'échanger des ressentis et des expériences, de connaître l'esprit de troupe. Dans cette école, outre sa rencontre avec Némo, Bilal s'est lié avec sa professeure de chant, Géraldine Allouche, devenue aujourd'hui sa coach vocale. Elle l'a aidé à parfaire son chant, elle connaît sa personnalité, les éléments singuliers de sa voix, un savoir précieux constitué au fil du temps. Géraldine est un peu comme une boîte noire dans un avion, elle connaît tout l'historique des transformations de sa voix : sa mue lors du passage de l'adolescence à l'âge adulte, sa tessiture, son potentiel.

En fin d'après-midi, à son retour à l'appartement, je demande à Bilal s'il se sent réellement prêt à vivre sa première expérience d'un concours de chant à la télévision ? Je l'avertis que la seconde édition de *The Voice Kids* s'annonce bien plus compétitive que la précédente. Il y aura beaucoup de concurrents et un seul gagnant.

« Carrément, maman, j'ai des choses dans mon cœur, j'ai envie de les chanter. Je suis prêt. Quand je chante à l'AID devant les autres, je sens qu'il se passe quelque chose. On me dit que je transmets des émotions. Et Géraldine, ma coach, m'encourage, il paraît que j'ai une signature. Il faut que tu me croies.

– Je te crois, mon chéri, j'ai toujours cru en toi. Mais je suis ta maman, et je ne sais pas si je suis objective, tu comprends ?

– Tu me dis souvent que tu as la chair de poule quand tu m'entends chanter. Je chante pour toi, maman. »

Son enthousiasme ne suffit pas à me rassurer, j'insiste, je le pousse dans ses retranchements.

« *The Voice Kids*, c'est un concours difficile. Tu devras chanter devant un jury composé de stars, tu devras entendre leurs remarques, leurs jugements. Et si tu es éliminé, comment vas-tu réagir ?

– Je ne veux pas penser à ça, je chante et je donne tout ce que j'ai à l'intérieur. Tu sais, maman, quand je serai sur le plateau devant les caméras, tu seras avec moi sur scène. Personne ne te verra, mais tu seras là quand même.

– C'est gentil de me dire ça. »

En réalité, cette adorable déclaration d'amour me met une terrible pression, car je n'aurai pas le droit de montrer mes faiblesses quand je devrai l'accompagner avant qu'il ne monte sur scène, et ensuite, en cas d'échec…

À présent, je pressens que ma place est aussi à ses côtés, en coulisses, quand il chante, cette fois comme manager. Ni lui ni moi n'avons en réalité imaginé qu'il pouvait en être autrement.

Maman, fan, manager, tous ces rôles s'entremêlent. J'ai besoin d'y voir plus clair.

Bilal perçoit mes doutes, c'est à son tour de me rassurer :

« Nous sommes un tout, maman, nous faisons équipe. Tu t'es battue, tu as résisté. Et maintenant c'est à moi de monter sur scène, voilà, c'est tout.

– On va réfléchir à tout ça, on en reparle plus tard.

– Allez maman, s'il te plaît ! »

Bilal aurait peut-être voulu que je manifeste davantage ma joie, mais mon instinct m'invite de nouveau à la prudence.

Il est vrai que, tout au fond de moi, j'ai tellement envie de voir Bilal caresser son rêve. Mais j'ai aussi un peu peur de cette première confrontation avec les caméras, et c'est bien normal. Une fois encore, ne rien montrer. Endormir mon cœur de mère pour un moment, mettre à distance mes émotions, et me glisser dans la peau d'une manager. Bilal va apprendre la scène et moi je vais apprendre ce nouveau rôle de conseil. On va se serrer les coudes, on n'a pas le choix. On a tout fait pour que cette rencontre avec le public arrive. Pouvons-nous y renoncer ? C'est peut-être déjà trop tard.

Je réfléchis encore quelques jours avant de prendre ma décision. Un argument va faire pencher la balance : les parents de Némo, qui travaillent dans le domaine artistique, ont laissé leur garçon vivre cette aventure télévisuelle. Cela témoigne de leur confiance dans l'organisation de cette émission pour accueillir aux mieux nos jeunes adolescents face aux caméras. Ils ont vécu cette situation et ils ne semblent pas s'en plaindre.

Août 2014. Bilal et moi, nous nous rendons dans un studio situé dans le 13e arrondissement de Paris où va se tenir la troisième et dernière sélection des candidats pour participer à « l'audition à l'aveugle » de *The Voice Kids*. À nos côtés pour nous soutenir, il y a Catherine, la marraine de cœur de Bilal, et sa fille Véronique. Géraldine Allouch, la coach, nous attend déjà sur place. Dès notre arrivée, elle s'isole avec Bilal pour l'entraîner et lui chauffer la voix.

Au fil des auditions, nous faisons la connaissance des parents des enfants en compétition, des liens se nouent et des groupes se forment par affinités.

Je constate avec bonheur le climat de bienveillance général lors de ces auditions. Nous croisons également de nombreux référents, les personnels de la production qui accompagnent les enfants et les parents tout au long de l'aventure : psychologue, sophrologue, cadreurs. Un buffet garni de boissons, de gâteaux, de fruits est à la disposition des familles. Malgré cette foule nombreuse réunie dans ce lieu, l'humeur reste joyeuse et légère. Tout est organisé pour éviter de stresser les enfants.

Septembre 2014, studio de La Plaine Saint-Denis. L'enregistrement de l'émission se prépare pour une diffusion sur les écrans qui aura lieu en différé l'année suivante. Malgré l'accueil chaleureux de l'équipe de production, la pression pèse sur les jeunes artistes, car ils devront chanter devant le jury dans les conditions d'un direct. Le public s'installe tout autour de la scène. Les techniciens s'affairent sur le plateau : chef réalisateur, cameramen, chef lumière, électriciens et machinistes, ingénieur du son, orchestre. Les vérifications s'opèrent en régie : toute une chorégraphie de gestes techniques se met en marche, incompréhensibles pour les profanes.

Nous arrivons le matin, Bilal, Taha et moi. Géraldine se trouve déjà sur place. Nous sommes reçus par notre référent de production. De nouveau il nous explique de quelle façon la journée va se dérouler, tout en nous faisant visiter les lieux, en premier un espace que les enfants et moi avons appelé « la caverne d'Ali Baba », où se trouvent les stylistes et les costumes, l'indispensable buffet de la régie garni de friandises et de boissons, la cabine du sophrologue et de la psychologue chargés de nous accompagner tout au long de l'émission. Malgré son appréhension, Bilal est très excité et heureux de vivre cette aventure.

Puis il nous dirige vers l'open space faisant office de loge collective où il règne une ambiance digne d'une cour de récréation. On aperçoit les autres jeunes artistes et leurs familles. On se salue, on s'installe par groupe d'affinités. Les parents discutent de tout et de rien, les enfants partagent leurs parcours respectifs, leurs ressentis concernant les trois juges : Jenifer, Louis Bertignac et Patrick Fiori. Et chacun se pose cette même question : « Est-ce qu'ils vont se retourner quand ce sera mon tour de chanter sur le plateau ? »

Discrètement, j'observe Bilal. Il semble comme un poisson dans l'eau. Dans son élément. Silencieux, Taha, lui, regarde son petit frère avec fierté. Pendant ce temps, la psychologue prend le temps de parler aux enfants et à leurs parents, en passant de groupe en groupe.

J'accompagne Bilal aux essayages pour le choix de la tenue. La styliste lui propose de porter un nœud papillon. Bilal fait la moue, il me dit : « Maman, ça ne me correspond pas, ce n'est pas moi ! » Pas de problème, la styliste, très à l'écoute, présente une seconde tenue… Bingo ! c'est la bonne. Chemise ample et colorée. Bilal s'y sent à l'aise.

Puis c'est l'heure des ultimes répétitions. Bilal s'en sort plutôt bien.

Pour son passage devant le jury aux auditions à l'aveugle, il a choisi de chanter *Rise Like a Phoenix*, la chanson interprétée par l'Autrichienne Conchita Wurst, qui a gagné le concours de l'Eurovision en 2014. Le choix de cette chanson est une façon pour Bilal de se présenter et d'annoncer qu'il restera toujours honnête envers lui-même, qu'il ne baissera jamais les bras. Un choix qui peut paraître osé pour un garçon de son âge, mais tout à fait assumé. Pour dire aux spectateurs : « Moi, Bilal, je me relèverai toujours… »

Quelques jours auparavant, quand Bilal m'a parlé du choix de ce titre, il m'a chanté ce passage :

« Une fois que je renais
Je m'élève dans le ciel
Vous m'aviez mis à terre
Mais je vais m'envoler
M'élever comme un phœnix. »

Comme toujours, Géraldine lui donne de précieux conseils pour interpréter cette chanson très technique, avec son refrain qui s'envole dans un contretemps.

Le moment de chanter devant le jury est imminent. Catherine, la marraine de Bilal, et sa cousine Imane nous ont rejoints, avec une autre amie.

Bilal se place à l'entrée de la scène. Peu avant de quitter les coulisses, il nous embrasse. Taha le serre fort, pour lui transmettre toute sa bonne énergie.

Je suis pétrie d'angoisse mais ma voix ne flanche pas : « Mon fils, on est avec toi, tout va bien se passer. »

À l'entrée du plateau, Bilal est assisté d'un sophrologue, qui le guide et lui apprend à contrôler sa respiration et son stress. Il intervient de cette manière pour chaque Kid.

Habillé de sa chemise à carreaux de couleur bleu et rouge, d'un jean, ses lunettes sur les yeux, Bilal se place sur la scène.

Le pianiste joue les premières notes, Bilal se lance. Assis de dos dans leur grand fauteuil rouge, les trois membres de jury se concentrent, oreilles tendues. Plan alterné sur les visages des jurys et celui de Bilal, le micro en main, son regard en direction des noms des jurés affichés sur leurs dossiers.

Pendant la prestation de Bilal, nous sommes dans une cabine face à un grand écran où l'émission est retransmise. Une caméra nous filme. On retient notre respiration pendant un moment, puis je sens Taha vider ses poumons, son souffle frôle mon épaule, les secondes paraissent interminables depuis notre point d'observation, à l'entrée du plateau. À nos côtés, Nikos Aliagas nous soutient en nous prodiguant des paroles réconfortantes.

Au démarrage du premier refrain, Jenifer appuie trois fois sur le célèbre bouton rouge en forme de champignon et fait retentir les coups de tonnerre synthétiques si appréciés par les téléspectateurs, qui applaudissent. Son fauteuil pivote, elle se trouve face à Bilal, elle découvre son visage, elle lui sourit. Plan sur le visage de Bilal qui exulte.

Taha sautille, une bouffée de joie m'envahit, on a oublié les caméras qui capturent l'émotion de notre famille. Mais attention, je me dis que l'audition n'est pas finie. Sur l'écran, je vois que Bilal est soulagé, je prie pour qu'il reste concentré jusqu'au bout.

Puis, alors que Bilal chante les dernières notes, Louis Bertignac appuie à son tour sur le gros champignon rouge, suivi de Patrick Fiori.

Victoire ! Applaudissements. Fabuleux ! C'est l'explosion de joie dans notre cabine. On écoute les commentaires des membres du jury. Parmi eux, Bilal doit choisir son coach pour la prochaine étape de l'émission. Suspense… Il rejoint l'équipe de Patrick Fiori, car celui-ci a su mettre en avant un point important de sa prestation : la mue de sa voix. Et puis Bilal apprécie ce chanteur qui a représenté la France au concours de l'Eurovision en 1993, un show que mon fils adore.

Bilal se prépare pour la prochaine épreuve des « battles » avant de prétendre à la finale face à Lenni-Kim et Swany.

Le titre choisi par le coach est *Love is All,* de Roger Glover. Bilal appréhende beaucoup cette prochaine performance. En attendant cette confrontation, il écoute les conseils de Patrick Fiori et de Géraldine.

Nous voici au jour redouté de la battle. Cette fois-ci, je me trouve dans le public avec la maman de Lenni-Kim et la famille de Swany.

La musique envahit la scène, les trois chanteurs se donnent à fond. Le cœur des parents et des enfants sur scène s'accélère, chacun emporté par l'émotion de l'instant. Pendant ce temps, je me projette déjà dans le futur, je pense aux mots de réconfort qu'il me faudra prononcer en cas d'échec.

Une fois la prestation terminée, le verdict tombe. Patrick Fiori nomme le vainqueur : le jeune Swany, qui, selon lui, a effectué les plus importants progrès scéniques depuis la précédente audition à l'aveugle.

Bilal est éliminé de la compétition. Tristesse. Gloire et décadence, les hauts et les bas de la vie d'artiste. Du haut de ses quinze ans, il reste humble, cache son chagrin. Notre référent de la production se présente, il réconforte les deux perdants, Lenni-Kim et Bilal.

En fin de journée, nous dînons ensemble dans un pub irlandais à proximité, les enfants d'un côté, les parents de l'autre, nous sommes une vingtaine de personnes au total. On revit les moments forts de la journée, on chante, on rit. Les enfants se consolent les uns les autres… On échange nos numéros de téléphone, on se dit au revoir en se promettant de rester en contact, et nous tiendrons parole.

De retour à la maison, Bilal est abattu. Assis dans le canapé, il repasse l'épreuve dans sa tête, il voudrait rembobiner le temps, rejouer cette satanée battle et gagner.

Ce que j'avais redouté se produit sous mes yeux pleins de larmes, des larmes que je sèche en cachette dans ma chambre. La défaite lui paraît comme un coup de couteau dans le cœur qu'il se serait donné lui-même. Il se demande quel élément dans son jeu de scène a provoqué sa chute ? Mais il n'y a aucune explication rationnelle à cela, sinon à vouloir percer les lois insondables des votes du jury, leur part de subjectivité. Il faut l'accepter.

Taha l'encourage avec ses mots simples : « Tu es monté sur scène, mon frère. La classe. C'est là ton royaume, tu reviendras et tu seras la popstar intergalactique. »

Je me redresse, je l'encourage à mon tour en lui disant : « La défaite n'existe pas. Ce n'est qu'un début. La route est encore longue, mais si belle.

Ce qui compte, c'est de préparer l'avenir. » Dès le lendemain, je commence à passer des coups de fil à nos contacts professionnels, je demande conseil au directeur de production de *The Voice Kids* et à Géraldine. Nous prévoyons une stratégie basée sur les réseaux sociaux, là où Bilal se sent très à l'aise pour s'exprimer. Les semaines suivantes, Bilal et moi autoproduisons, avec mes maigres économies, un mini-album de quatre titres, puis nous nous sommes abonnés à une plateforme de distribution pour les indépendants, CD Baby qui a distribué les morceaux à toutes les plateformes de streaming lors de la diffusion de l'émission *The Voice Kids*. Nous sommes actifs, la machine est lancée. Bilal retrouve le sourire.

– 10 –

Chanter sa différence

Après cet échec à *The Voice Kids*, le monde à conquérir semble encore bien vaste : comment toucher le public, écrire les plus belles chansons et s'installer dans les cœurs des petits et des grands, femmes et hommes… ?

Cette première expérience devant les caméras d'un grand diffuseur est une sorte d'épiphanie pour notre trio familial : la vocation de Bilal pour le chant allait transformer nos vies.

Cette prise de conscience soulève deux questions principales dans l'immédiat. La première pour Bilal : comment rebondir après cette première expérience ? Et la seconde pour moi : comment l'aider à vivre sa passion et l'accompagner dans sa carrière sans nuire à mon rôle de mère ni affecter nos liens familiaux ?

Nous discutons beaucoup tous les deux, avec Taha aussi, qui est toujours de bon conseil. Nous avons également des échanges réguliers avec Géraldine, la coach vocale.

Le flottement et les doutes qui succèdent à cette battle perdue doivent être évacués au plus vite, ou plus exactement être transformés en une énergie positive. Je ne peux pas tolérer de voir mon petit aussi désœuvré. Je dois intervenir de la manière la plus adéquate possible. C'est alors que je me fais cette promesse : ne jamais sombrer dans le despotisme du mentor. Je me rappelle les terribles souffrances de Britney Spears sous l'emprise de son père. Heureusement, la justice vient enfin de lui donner raison après des années de batailles juridiques.

Ma méthode sera celle de la douceur. Nous devons inventer notre manière de faire.

Un premier constat s'impose, que j'expose explicitement à Bilal :

« Mon chéri, le jury a confirmé ta puissance vocale, tu n'as plus à douter sur ce point. Géraldine te l'a dit aussi.

– Tu crois ?

– Ce n'est pas une croyance, mais un fait. »

La déception après son échec relatif à *The Voice Kids* s'est assez vite dissipée. Il me surprend une fois de plus. En réalité, il a déjà en tête un schéma de carrière depuis bien longtemps, qu'il me dévoile par bribes. Je ne sais pas s'il bluffe ou cherche à s'en convaincre lui-même. Aujourd'hui, avec quelques années de recul, j'ai l'impression que chaque artiste est habité par une perception du monde toute personnelle, une manière de se projeter dans le futur. Sans quoi il tombe. Bilal, lui, ambitionne de montrer à un maximum de personnes ses capacités artistiques et de prouver sa légitimité aux professionnels. C'est pourquoi sa participation à des événements internationaux, là où se croisent tous les acteurs de la profession, est capitale dans cette stratégie. Pour cela, Bilal reste en éveil, écoute toutes les nouveautés de la musique pop et s'imprègne de leur style, de leur histoire, lit les articles de la presse web spécialisée, les biographies des pop stars, visionne des documentaires, suit les tendances sur les réseaux sociaux et l'actualité des artistes reconnus… Il tient à tout savoir sur le bout des ongles pour créer des chansons qui touchent le public et éviter des schémas susceptibles de compromettre sa carrière.

Un des atouts de Bilal, c'est son excellente maîtrise de l'anglais. Alors peut-être peut-il participer à des concours de chant internationaux ? Nous nous mettons en alerte et apprenons qu'une production américaine organise bientôt un casting à Paris, à La Défense, pour un concours de chant et d'*acting*. Ce concours s'appelle IPOP : International Presentation Of Performers. Elle constitue un tremplin pour les artistes débutants et leur possible mise en relation avec des producteurs.

Avril 2016. Nous nous présentons dans le hall d'un grand bâtiment de La Défense qui fait office de réception pour l'équipe de la production. Je remplis le formulaire d'inscription. Nous apprenons que les candidats dont les noms commencent par la lettre H (Hassani) sont placés sous la coupe du directeur de casting. Nous découvrons par la suite qu'il est également le producteur. C'est bon signe, me dis-je. Puis nous faisons la connaissance de la responsable de casting pour le chant, une autre s'occupant des acteurs (*acting*). Notre interlocutrice est une femme d'une trentaine d'années, silhouette haute et des rondeurs gracieuses, des paillettes plein les yeux, un large sourire qui ne la quitte jamais.

Elle nous conduit dans une grande salle aux chaises bien alignées, occupées peu à peu par les candidats, environ deux cents. La responsable de casting confie à Bilal une étiquette numérotée, qu'il colle sur son tee-shirt. On s'assoit au premier rang et on attend. En face de nous, assis derrière une table, se tiennent les examinateurs du jury.

Une fois tout le monde installé, le directeur de casting nous annonce le lancement des auditions. Il nous précise que les performances et les délibérations se dérouleront sur place. Ce mode de fonctionnement est bien différent de ceux des auditions nationales que nous avons connues en France, où l'artiste est seul face aux membres du jury.

Il précise d'emblée que les personnes qui ne se sentent pas capables d'être auditionnées devant tout le monde peuvent rentrer chez elle dès maintenant. Un premier écrémage. Le ton de la compétition est donné. À cette annonce, plusieurs personnes se lèvent et quittent la salle, n'acceptant sans doute pas de se confronter à une telle pression, un stress qu'ils jugent insurmontable.

Assez vite je remarque la rigueur de l'organisation américaine, une machine parfaitement huilée : assistants, techniciens, jury… chacun tient son poste avec un dévouement et un professionnalisme sans faille. Ici, le hasard n'a pas sa place.

Les membres du jury noircissent les fiches d'évaluation de chaque artiste après son bout d'essai.

Invité devant le jury, chaque candidat doit se concentrer en un claquement de doigts et exécuter sa performance. Les nerfs sont mis à rude épreuve. Et finalement c'est une assez bonne école, car cela apprend aux artistes en herbe à se produire dans les conditions réelles des spectacles, où cohabitent les performeurs et les techniciens de plateau. Les membres du jury peuvent aussi de cette façon tester les candidats, leur capacité à se concentrer et à s'affranchir de leurs inhibitions.

Nous assistons ainsi au passage des autres candidats et aux réactions plus ou moins froides des membres du jury, ce qui ajoute à la tension ambiante.

C'est alors que nous sommes témoins d'un curieux incident : un technicien se présente à la représentante du producteur, assise à son bureau à côté de nous. La discussion s'engage, le ton monte et nous sommes suffisamment près pour comprendre l'objet de leur différend : le technicien réclame une augmentation de son cachet pour les heures supplémentaires qu'il a effectuées. La productrice américaine ne l'entend pas de cette oreille. Peu lui importe la législation française, elle lui dit qu'il peut partir s'il le souhaite, car elle ne lui donnera pas un sou de plus, elle le vire sur-le-champ, sans aucun état d'âme. Puis, aussitôt après, elle s'adresse à l'assemblée et demande si quelqu'un serait intéressé par le poste qui vient de se libérer… Elle poursuit son enquête auprès des personnes présentes dans la salle et recrute parmi elles un remplaçant. Un exemple de pratique expéditive qui illustre bien la culture américaine en matière de business.

Bilal assiste à cette scène sans broncher, il reste concentré. Puis, quand son numéro est appelé, il ne se démonte pas : il se met en position face au jury et annonce le titre de la chanson qu'il s'apprête à chanter : *Hello*, le fameux tube d'Adèle, qu'il a arrangé à sa manière pour montrer ses capacités de compositeur. Il prend deux ou trois secondes pour respirer et commence à chanter. Les têtes se tournent aussitôt dans sa direction. Celles et ceux qui font quelques vocalises pour se chauffer la voix s'arrêtent d'un coup et écoutent Bilal interpréter sa chanson dans un silence plein de respect.

Ce jour-là, Bilal m'a impressionnée. Il a été capable de surmonter son stress, il a fait preuve de détermination en tant qu'artiste. Je suis de plus en plus convaincue qu'il aura les nerfs suffisamment solides pour évoluer dans le milieu très compétitif du show-business. Je prends aussi conscience de sa grande capacité à capter l'attention du public, un autre signe qui me conforte en tant que mère et en tant que manageur.

C'est pourquoi je me sens de plus en plus autorisée à l'accompagner dans sa toute jeune carrière artistique.

Bilal est sélectionné pour la seconde journée, où ont lieu la demi-finale, puis la finale. Le lendemain, il accomplit de nouveau une très belle prestation, et il remporte son ticket pour le concours qui se déroulera à Los Angeles. La représentante de la production nous présente les modalités et le coût de l'inscription à cette ultime compétition, qui s'avère très élevé (environ 15 000 euros pour la formule gold, couvrant les billets d'avion, l'hôtel, les repas et les frais de concours). En outre, le règlement du concours contraint les finalistes à loger dans le même hôtel pour rationaliser les dépenses et l'organisation générale.

Je réponds à notre interlocutrice que ce n'est pas dans mes moyens de payer tous ces frais.

Elle insiste, elle prétend que le jeu en vaut la chandelle : Bilal a des chances d'être repéré par les producteurs dans la cité des Anges et des stars du show-business. Je dois bien l'avouer, elle a raison, c'est une opportunité qu'il faut absolument saisir. Bilal est complètement excité à l'idée de ce voyage. Nous avons peu de moyens, mon salaire suffit tout juste à payer nos charges courantes. Alors je négocie avec la représentante et finalement nous trouvons un accord. Nous allons nous débrouiller par nous-mêmes pour nous loger à Los Angeles et acheter nos billets. En revanche, je m'acquitte immédiatement des 400 euros d'inscription au concours final qui aura lieu en juillet, dans trois mois. C'est un peu un coup de poker de ma part, car maintenant que Bilal est officiellement enregistré pour ce concours, comment réunir le budget pour cette aventure ?

Une course contre la montre s'engage. Je propose à Bilal d'appeler son père pour lui demander son aide financière. Cette démarche lui semble vouée à l'échec. « Sans doute, lui dis-je, mais je pense qu'il est bon d'inclure Rali dans cette expérience sur le plan relationnel et psychologique. Tu auras au moins essayé, et cela lui permettra de sentir qu'il est une personne importante pour toi. » Un conseil de bon sens à la fois de mère et, de façon plus pragmatique, de manager, forcée de frapper à toutes les portes pour financer notre voyage de prospection.

Franck, un ami convaincu du talent de Bilal, nous offre son crédit de *miles* sur Air France, ce qui nous permet de prendre nos billets d'avion pour Los Angeles. Je contacte Bahia, ma fidèle amie d'enfance, qui se propose de me trouver un moyen de nous loger là-bas. Combien l'amitié est essentielle à nos vies de galériens ! Je ne sais comment la remercier. Elle me met en relation avec des amis à elle qui vivent dans la cité des Anges, Mounir et son épouse, Monica. La grande solidarité de la diaspora marocaine s'active. Dino, le frère de Mounir, propose de nous prêter un véhicule, indispensable à Los Angeles, ville tentaculaire qui s'étire sur plus de 300 kilomètres le long de la côte californienne. Ce geste généreux nous économisera les frais de location de voiture.

Je continue de me démener et je réussis enfin à boucler notre budget : les taxes d'aéroport, les frais de nourriture sur place, des costumes de scène, le transport en taxi jusqu'à l'aéroport Charles-de-Gaulle.

Début juillet. Bilal et moi volons au-dessus de l'océan, assis l'un à côté de l'autre. À travers le hublot, la mer bleu azur du ciel au-dessus des nuages, promesse du rêve américain qui nous attend au bout du voyage. Il faut y croire, ce rêve n'existe pas seulement dans les films hollywoodiens.

Monica, la femme de Mounir, vient nous chercher à l'aéroport. Sur la route, elle nous explique le fonctionnement autoroutier de la mégalopole : telle voie est réservée au covoiturage, telle autre aux seuls automobilistes pourvus d'un badge magnétique. Difficile de retenir toutes ces explications après douze heures de vol. Alors je regarde Bilal et lui fais comprendre d'un signe de tête de bien écouter les consignes lui aussi.

Le lendemain, quand il nous faudra nous déplacer en voiture, je redoute de me perdre et de louper notre rendez-vous. Je suis anxieuse.

Nous sommes reçus princièrement par notre famille d'accueil. Je suis logée dans un studio indépendant très confortable, doté d'une salle de bains et d'un dressing, et Bilal dans la chambre d'amis, à l'étage. Vers 4 heures du matin, quand nous nous présentons dans le salon de leur résidence attenante, Mounir a déjà fait sa prière quelques minutes plus tôt, il a aussi préparé le petit déjeuner et des victuailles dans une glacière pour la journée. « Hors de question que tu dépenses ton argent dans les commerces ici », me dit-il. Quelle délicatesse. Je suis gênée par tant de générosité, je lui témoigne mon extrême gratitude.

Avant de nous quitter pour sa journée de travail, Mounir nous confie : « Je crois en toi, Bilal, tu vas réussir. Bahia a déjà fait tant de choses pour notre famille. Nous aussi, nous avons été aidés un jour, il est normal aujourd'hui de vous soutenir. C'est le cycle de la vie. »

5 h 30. Nous partons en voiture pour notre première audition. Nous avons été convoqués pour 7 h 30 dans un lieu qui se trouve à 60 kilomètres de là. J'ai bien du mal à me hisser à bord de la Ford pick-up que nous a prêtée Dino, tellement le châssis du véhicule est haut. Et j'ai oublié de lui demander comment fonctionne cette volumineuse voiture américaine dotée d'une boîte de vitesses automatique. Grosse panique ! Bilal demande au dieu Google des tutos. Enfin, nous pouvons partir. Mais déjà nous sommes bloqués dans les embouteillages sur l'autoroute. Comme si nous étions enfermés dans un immense cimetière de voiture sous le ciel encore plus immense du matin californien. Grand stress. Je dissimule mes mauvaises ondes du mieux possible pour éviter de les communiquer à Bilal, assis sur le siège à côté, déjà en pleine concentration.

Nous arrivons sur site avec une demi-heure de retard.

On se présente dans la grande salle de répétition hyperclimatisée. Cette première journée est consacrée aux aspects organisationnels : présentation des équipes de coaching, vérification des inscriptions et attribution du numéro de l'artiste, explication détaillée des différentes étapes des éliminatoires. Pendant cette même journée, le coach entraîne Bilal pour l'audition de chant. Sur les conseils du directeur de casting, Bilal s'inscrit également pour les auditions d'*acting*. Assisté par le coach, il choisit le répertoire des chansons qu'il va chanter devant les membres du jury.

Après cette rude journée d'attente et de répétitions, nous arrivons chez Mounir et Monica complètement épuisés vers 23 heures. Pendant que Bilal s'effondre sur son lit, je prépare sa tenue pour le lendemain avant de rejoindre à mon tour les bras de Morphée.

Mon travail de manager se précise et s'aiguise pendant ce séjour américain. Conseil artistique, gestion de son emploi du temps, soutien psychologique… et bientôt négociation des contrats. Je m'occupe de la vie de Bilal dans ses aspects les plus divers : humains, domestiques et pratiques. Tous les matins, je me lève avant lui pour l'aider à se réveiller à l'heure pour son premier rendez-vous de la journée, je l'écoute et trouve les mots pour chasser ses angoisses, je l'oriente quand la situation le nécessite. Et surtout, j'apprends à anticiper ses questions. Ainsi, le soir dans mon studio, je me documente sur Internet à propos des membres du jury, des prochaines auditions, des concurrents… Je sélectionne pour Bilal les meilleures séances de coaching pour le lendemain. Présente à ses côtés H24, même à moitié éveillée, je repasse le moindre détail, je me projette dans les futures situations pour les visualiser et imaginer ce qu'il faudrait améliorer. Ma méthode se met en place petit à petit, mélange de dévouement, de présence constante et d'écoute, mais aussi d'effacement quand il le faut pour éviter d'étouffer le jeune artiste, le tout dans la douceur.

Le lendemain, début du concours… Quatre heures, l'alarme du téléphone est un supplice, Bilal n'a plus la force de se lever : je le prends dans mes bras et je l'emmène sous la douche.

Nous repartons, tandis que le soleil de l'aurore pâlit à l'horizon du ciel californien. Nous roulons sur l'autoroute déjà encombrée, Bilal dort sur le siège à côté. Deux heures plus tard, je gare la voiture sur le parking de la production. Doucement, je réveille Bilal. La vie d'artiste, ce n'est pas toujours du gâteau. J'ouvre la glacière préparée par notre adorable ami Mounir : thé, café, toasts. Puis, même rituel que la journée précédente, on se présente dans la grande salle d'audition pour une nouvelle épreuve.

Là encore, les prestations de Bilal saisissent l'auditoire.

Il est sélectionné les quatre jours suivants et remporte la médaille d'or de sa catégorie. Mais nous n'avons pas la chance de rencontrer un producteur, comme nous l'avions espéré en participant à ce concours américain. En revanche, nous faisons la connaissance de cinq familles françaises venues ici avec leurs enfants concourir à cette même audition et logées dans l'hôtel qui avait été privatisé en partie par les organisateurs du concours pour accueillir les candidats et leurs proches venus du monde entier. Bilal a été le seul français sélectionné pour la finale, le dernier jour du concours. Pendant les auditions, ces familles nous prêtaient parfois leur chambre où nous allions nous reposer. Nous avons gardé des contacts avec elles, aujourd'hui fans de Bilal.

Outre ces amitiés, nous récoltons quelques cartes de visite : membres du jury, professeur de chant, agent d'artistes… La moisson peut paraître bien maigre. Il n'empêche, l'expérience nous a appris une chose : la construction d'une carrière artistique se conçoit pas à pas. Quelques fans gagnés ici ou là, quelques contacts susceptibles de s'activer un jour ou l'autre, peu à peu le cercle de reconnaissance s'élargit et s'étoffe. Et bientôt une présence artistique sur les réseaux sociaux où Bilal pourra enfin se montrer tel qu'il est…

Bilal et moi comprenons aussi que l'endurance est le nerf de la guerre pour un artiste, qu'il faudra faire preuve de ténacité et d'acharnement pour atteindre notre but. Oui, après l'expérience de ces années en tant que mère et manager, je dois bien constater que ma vie s'apparente à une longue et terrible épreuve. Vous souhaitez être un grand artiste ? Alors préparez-vous à parfois pleurer, rampez si vous n'arrivez plus à marcher, mais tenez bon, vous avancez ! Et puis un jour, le succès pointera son nez, saisissez-le avant qu'il ne s'échappe.

C'est ainsi, comme je l'ai déjà dit, que nous allons poursuivre l'expérience de ces concours internationaux à Londres et tenter de nous qualifier pour la célèbre émission *The X Factor*. Vous vous souvenez de cet épisode ? Je m'étais réconciliée avec mon frère Nadir, qui m'avait autrefois reproché mon mode de vie soi-disant frivole et ma tenue en maillot de bains au bord de la piscine pendant nos vacances à Casablanca. Bilal n'avait pas été sélectionné lors de l'audition mais, au cours de ce voyage londonien, j'avais retrouvé mon frère.

D'ailleurs, je précise ici qu'il s'agissait de notre seconde tentative pour se qualifier à cette émission de renommée mondiale. L'année d'avant, lorsque nous étions à Londres la première fois pour cette audition, j'avais réservé une chambre dans une auberge de jeunesse, n'osant pas alors me rapprocher de mon frère. Bilal s'était senti gêné de me voir contrainte à cette vie spartiate. « Mais non, mon chéri, tout ça me rajeunit, ta vie m'offre de la chirurgie esthétique mentale gratuitement, tu me fais tellement rajeunir, à chaque fois de 20 ans. », lui avais-je dit pour le rassurer.

Quand je disais à l'instant qu'il fallait tenir, ne jamais perdre espoir… l'expérience *X Factor* à Londres en est un exemple. Et trouver dans ces épreuves une façon de se ressourcer, c'est aussi une leçon que j'ai apprise.

Nous voici de retour à Paris, cet été 2016. Nous racontons nos aventures californiennes à Taha. Il nous répond : « Vous êtes une équipe de champions de l'Univers. »

Quand Bilal évoque sa carrière, il parle toujours à la première personne du pluriel : « Écoute maman, ce que nous avons fait à Los Angeles, c'est notre expérience. » Voilà comment mon rôle de manager s'est façonné.

En septembre, Bilal reprend le chemin du lycée pour entamer sa terminale, il est de plus en plus absorbé par sa passion. Peu après la rentrée, il me demande de l'autoriser à se consacrer pleinement à sa carrière artistique. Ses yeux brillent d'une flamme puissante. « Je suis né pour ça, insiste-t-il. Chanter, c'est toute ma vie. »

C'est un tournant, un pari fou qui engage son avenir, et le nôtre aussi d'une certaine façon.

On se parle longuement, je lui rappelle ce préalable : « Lorsque tu auras obtenu ton baccalauréat, j'accepterai ta demande. Pas avant ! »

Il a tenu sa promesse, j'ai tenu la mienne.

À présent, nous devons inventer notre avenir.

Né en 1999, Bilal est de la génération Y. Il a grandi avec les réseaux sociaux. Et c'est par eux qu'il entend désormais diffuser ses créations et communiquer. Il va inventer sa langue, sa manière d'exister. Sur les conseils de Géraldine Allouch, nous décidons d'investir la chaîne YouTube de

Bilal, qu'il avait créée deux ans plus tôt. Cette fois-ci, il s'agit de professionnaliser cet outil de diffusion avec des contenus vidéo réguliers, une charte graphique… Pour cela, il faudrait réunir quelques moyens de production. Et mes finances ne sont toujours pas au mieux. Je ne peux pas me permettre d'acheter un smartphone avec une caméra vidéo de qualité, ce qui serait un investissement minimum. Bilal jette toutes ses forces dans ce projet, il télécharge sur Internet un logiciel de montage qu'il potasse à fond, il autoproduit ses vidéos avec les moyens du bord, c'est-à-dire dans sa chambre transformée pour l'occasion en ministudio d'enregistrement : des matelas plaqués sur les murs pour insonoriser au mieux l'espace, toutes les lampes de la maison regroupées dans les angles de la pièce en guise d'éclairage de plateau, les vêtements des armoires familiales savamment customisés pour le stylisme des tenues. À force de travail, il crée sa propre signature visuelle, un ton bien à lui.

Il poste sur sa chaîne de nouvelles vidéos, son audience progresse, mais pas autant qu'il le souhaiterait.

En avril 2018, lors d'une réunion de travail, il me dit : « Maman, tu sais, je sens que je dois être vrai dans les vidéos sur ma chaîne. Si je suis vrai, ça veut dire que je suis sincère, que je n'ai pas peur d'être ce que je suis. Je sens aussi que je dois m'adresser à toutes les personnes qui se sentent rejetées à cause de leur différence. Je chante pour elles. J'ai besoin d'exister en vrai, maman, tu comprends ?

– Oui, mais il faut encore réfléchir à la façon de bien le faire en te présentant au public… »

Quelques mois après, en août, Bilal se lève un matin très tôt. Sans me prévenir, il se rend avec son amie Léna dans une rue près du Sacré-Cœur, dans le 18e arrondissement. Coiffé de sa perruque verte, ventre dénudé, maquillé, il interprète devant la caméra vidéo de son amie une reprise (*cover*) de *Djaja* d'Aya Nakamara.

De retour à la maison, il fait le montage de cette vidéo et la met en ligne sur sa chaîne. Puis il me montre le résultat en me disant : « J'ai eu l'idée de cette *cover* pendant la nuit. Ça m'est apparu comme une évidence. »

La mère et la manager que je suis lui répondent tour à tour. Avec le temps ces voix finissent par se mêler. Je lui dis que c'est une bonne idée, en effet. Vivre en harmonie avec ses désirs est même la seule chose qui compte, c'est essentiel. Seulement, attention aux trolls sur les réseaux sociaux, à tous ces réactionnaires…

– Es-tu prêt à affronter la haine de ceux et de celles qui ne supportent pas la différence ?

– Je n'ai pas le choix. Je ne peux pas vivre caché toute ma vie. C'est en assumant ce que je suis que je vais toucher les gens. Et puis, la société, il faut qu'elle change. C'est un combat que je dois mener pour moi et peut-être que ça aidera aussi la cause de la communauté LGBTQ+.

– Je comprends tes choix artistiques, je partage ton ambition philosophique, mais en te présentant au grand public en robe, en crop top, en perruque et maquillé, tu vas non seulement attiser la colère des extrémistes religieux, mais sans doute vas-tu aussi subir les attaques des racistes, des homophobes… que sais-je encore ? La société française, me semble-t-il, n'est pas encore mûre pour accepter ton corps et ton esprit.

– Je sais, tu as raison, maman. Mais je te le répète, je dois le faire. Ça vaut la peine. Si on baisse les bras, c'est fichu. Qui va se battre à notre place ?

Les mots de Bilal me bouleversent. Je redoute tellement les attaques sanglantes qui pourraient s'abattre sur mon fils, fière pourtant de sa force, de sa volonté de vivre libre, à son tour. J'ai moi aussi payé pour cette liberté. Je sais aussi que cette manière de s'habiller est un instrument chorégraphique indispensable pour son expression artistique, un instrument dont il veut disposer à sa guise. Alors je lui dis :

« Écoute bien, je serai toujours à tes côtés, quoi qu'il arrive. En revanche, je te demande une seule chose : promets-moi de ne jamais porter de perruques dans la rue. Là, dans l'espace public de nos villes où rôdent toutes sortes de prédateurs à l'affût de leur proie, j'ai vraiment peur que tu te fasses agresser physiquement. Bien sûr, tu peux t'habiller comme tu le souhaites dans une soirée privée, dans un endroit sécurisé. Mais ailleurs, je te demande de respecter cette règle. »

Bilal a été d'accord, sans tergiverser. Et à l'heure où j'écris cette ligne, il n'a jamais failli à cette promesse.

Quelques semaines après, la vidéo de *Djaja* interprétée par Bilal fait 7 millions de vues sur YouTube.

– 11 –

Mère et manager

Comme il me faut bien nourrir ma famille, j'exerce encore mon métier de directrice de projets en informatique et, par conséquent, je ne peux assister mon fils à tous ses rendez-vous professionnels, de plus en plus nombreux depuis le succès de sa chaîne YouTube. Pour l'instant, j'interviens dans la gestion de sa carrière surtout à titre de coach, je gère aussi les contrats, les réunions de prises de décisions, et cela pendant ma coupure déjeuner, le soir ou le samedi. Mais bientôt les événements vont se précipiter et me pousser à devenir sa manager à part entière… On dit que la vie n'est faite que de rencontres et de hasards, elle réclame aussi une grande vigilance quand on s'aventure dans des nouveaux mondes, comme celui du show-business que je vais bientôt découvrir. Dans mon cas, moi l'ex-chercheuse, l'exconseillère en gestion des systèmes d'information, je n'ai connu ni paillette, ni exposition sous les projecteurs, ni l'exaltation du succès. Au contraire, j'ai dû souvent m'interdire ces manifestations émotionnelles pour tenir au mieux mes deux rôles : à la fois manager autodidacte et maman de deux enfants aux profils différents, l'un qui se remet à présent d'un grave problème de santé au prix d'une rééducation assidue de ses facultés de mémoire, le second bientôt en pleine ascension médiatique. Entre ces deux missions, un grand écart qui m'oblige à rester prudente et à jongler avec de nombreux impératifs parfois contraires : protéger mes enfants des menaces extérieures et les accompagner vers leur vie d'adulte, la guérison d'un côté, le succès de l'autre.

Juillet 2018. Un diffuseur me contacte pour recruter Bilal dans une émission de divertissement. Il me présente à Julien, le directeur artistique chargé de la production de ce programme dont le tournage est prévu pour le mois d'août. Dès le début de notre entrevue, je lui précise que Bilal souhaite participer à cette émission avec sa tenue désormais bien appréciée par les fans de sa chaîne YouTube : perruque verte et maquillage. Julien finalement refuse notre proposition sous prétexte qu'il avait déjà recruté d'autres candidats dans cette même catégorie, à savoir relevant de la culture des drag-queens. Ce que Bilal n'est pas.

Il s'agit ici d'une malencontreuse confusion de la part de Julien, qui mérite une brève explication pour bien comprendre toutes ces questions de genres (genre fluide ou non binaire) qui font aujourd'hui l'objet d'études universitaires et qui interrogent notre société.

Contrairement aux drag-queens (terme anglais polysémique), Bilal ne s'invente pas un personnage. À aucun moment il ne cherche en effet à nier ou à masquer sa masculinité. Il considère que les cheveux longs ou le maquillage ne sont pas l'exclusivité du genre féminin. Dans une récente interview lors de l'émission *50 minutes Inside* (diffusée le 10 décembre 2020), il donne sa propre définition de sa manière d'être et de se présenter au public : « J'aime déconstruire l'image du genre masculin. »

J'enfonce le clou et j'explique aussi à mon interlocuteur que les fans de la chaîne YouTube de Bilal le connaissent ainsi. Ils l'aiment, car justement il assume de se présenter sur la Toile comme il est. Avec sa perruque et son maquillage. Ce geste est perçu par ses fans comme une preuve de sa sincérité, il signale un acte engagé où s'affirme sa différence, même au risque de subir les foudres des « hateurs », ceux qui répandent leur haine sur les réseaux sociaux. Un changement de look dans cette émission constituerait à leurs yeux une trahison.

Mais ces explications n'ont pas convaincu Julien, le directeur artistique de l'émission. Il demande à Bilal de participer au tournage habillé en garçon.

Fin juillet, nous partons en vacances à l'île de Ré. Malgré la présence de ses amis pendant cette pause estivale, je perçois son mal-être à l'idée de tourner cette émission sans sa tenue habituelle. Il me dit vouloir y renoncer. « Pourquoi la production ne m'accepte pas tel que je suis ? » se plaint-il. Je lui réponds que pour l'instant, à défaut de notoriété, il doit encore patienter avant de s'afficher dans ses tenues de scène habituelles. Je lui conseille : « En attendant, tu te faufiles entre les gouttes, dans les petits espaces qui se présentent à toi ou que les autres ont oublié de fermer. Lorsque la lumière viendra sur toi, là, tu pourras t'imposer selon ton désir. »

À contrecœur, Bilal accepte de participer à ce tournage sans sa perruque. Finalement les audiences des premiers épisodes diffusés un peu plus tard obtiennent de mauvais résultats. Nous apprenons que l'émission s'arrête. Mais, pendant le tournage aux studios de La Plaine Saint-Denis, Bilal a fait la connaissance d'Émilie Satt et Jean-Karl Lucas, le duo d'artistes Madame Monsieur. Et, miracle… ces nouveaux amis ont parlé de Bilal à leur producteur, Guillaume, qui souhaite le rencontrer. Une opportunité semble enfin se profiler au moment où Bilal n'y croit plus, prêt à baisser les bras.

Chose étrange, comme je l'ai dit dans le précédent chapitre notre plan de carrière consistait à présenter Bilal dans les concours de chants internationaux dans l'espoir qu'il soit repéré par un producteur. Et, au bout du compte, il a été choisi par un duo d'artistes, des intermédiaires vers le succès. Plus tard, je lui ai dit : « Tu vois mon fils, à croire que cette émission n'a été tournée qu'à la seule fin de cette rencontre avec Émilie et Jean-Karl. » Bilal m'a souri et répondu : « Des fois, c'est trop bizarre la life, maman. »

Bilal ira seul à ce rendez-vous, je le préviens de ne rien signer sans mon avis.

Même si je n'ai aucun préjugé à l'égard de Guillaume que je ne connais pas encore, je me doute bien que le secteur de la production musicale n'est pas un monde de bisounours, mais surtout largement dominé par les hommes, des coriaces et gentlemen-filous en matière de notoriété. On peut y faire fortune du jour au lendemain grâce au succès d'un seul hit. Rapaces et requins se côtoient et s'entretuent « amicalement et en toute courtoisie ». À ma connaissance, très peu de femmes manager ont réussi à s'imposer dans le show-business en France. Je n'ai pas l'intention de laisser mon tout jeune fils se faire croquer tout cru.

Je n'ai pas de scrupule à le laisser se débrouiller seul pour cette rencontre : non seulement, il est majeur et tout à fait capable à défendre son point de vue artistique, comme il en a déjà fait preuve ces mois derniers.

Il a tellement été dépité par sa récente désillusion au contact de Julien, le directeur artistique, qu'il se rend à ce rendez-vous sans conviction. Et, à son retour à la maison, il se montre peu démonstratif. Je dois insister pour qu'il me raconte le contenu exact de son échange avec Guillaume.

« Il m'a dit qu'il croyait en moi, me dit-il, il propose de me faire concourir à l'émission *Destination Eurovision* et de produire un premier album.

– C'est plutôt une bonne nouvelle.

– Carrément, on dirait, oui. J'ai suivi ton conseil, maman, je n'ai rien signé.

– Et il est d'accord pour que tu chantes avec tes tenues de scène habituelles ?

– Oui, j'ai carte blanche, je m'habille sur scène comme je veux. Avec mon nom : Bilal Hassani. »

Peu après, je rencontre à mon tour Guillaume dans son bureau parisien. Il me déroule son CV : pas de doute, c'est un grand professionnel, il a du flair, il a connu ses premiers succès en produisant des groupes de rap. Le plus important à mes yeux : il me confirme que Bilal a carte blanche pour ses tenues. Il me dit : « Il ne doit rien changer à son look. Au contraire, il doit s'assumer, tel qu'il est. Je suis prêt à partir avec vous, je ne demanderai pas à votre gamin de changer ni de se déguiser en garçon. Il doit juste chanter et danser. Ce gamin, il a quelque chose. Il doit juste travailler. J'ai un plan pour lui : nous allons le présenter au concours de l'émission *Destination Eurovision*.

Les jours suivants, Guillaume m'adresse une proposition contractuelle. Comme je suis novice dans ce domaine, ne connaissant pas les usages de la profession et la gestion des droits d'auteur, je me lance dans une recherche assidue : je dévore les ouvrages techniques sur cette question. Je contacte un grand avocat spécialisé dans la production musicale, habitué à aider les jeunes artistes à titre gracieux.

Je dois me battre pour Bilal, accaparé, lui, par sa création artistique. En outre, il n'est pas armé pour défendre ses droits, il n'a personne pour le représenter auprès de Guillaume.

Je tente de négocier au mieux les droits d'auteur de Bilal, En tant que jeune artiste en développement, pour reprendre le jargon de la profession, mes marges de manœuvre sont limitées.

J'ai fait ajouter des clauses dans les contrats qui lui garantissent une porte de sortie en cas de « divergence artistique avec son producteur ». Les contrats ont été signés et un toast porté à cette occasion en présence d'amis proches de Bilal : Alix, Nemo, Clara et Wesley.

Les intérêts de Bilal sont bien protégés. À présent il faut se concentrer sur sa participation à *Destination Eurovision*.

Nous sommes alors le 15 novembre 2018.

Début décembre, je suis au volant d'une camionnette de location sur l'autoroute en direction de Paris. À l'arrière du véhicule se trouvent les affaires de Taha, meubles, scooter, valises de vêtements. Plus tôt ce matin, les collègues de Taha et moi avons vidé son appartement à Valence, là où il a vécu les mois précédents. À cet instant, je ne cesse de penser à lui après son accident de santé survenu en septembre de cette même année. Va-t-il retrouver toutes ses capacités cérébrales ? Je sais qu'il travaille dur à sa rééducation. Je garde espoir tout en étant très inquiète. Le succès frémissant de Bilal, l'avenir médical incertain de Taha, l'effort pour me concentrer sur la conduite de la camionnette, mes nerfs sont une nouvelle fois mis à rude épreuve. Tant d'émotions contradictoires me tiraillent de l'intérieur.

C'est à ce moment de grande intensité émotionnelle que le numéro de Guillaume s'affiche sur l'écran de mon téléphone. Je décroche, je déclenche le mode haut-parleur. Paniqué, Guillaume m'explique que le titre que nous avons présenté à la Fédération française de l'Eurovision n'est pas retenu : autrement dit, Bilal ne peut pas concourir avec cette chanson. Cet organisme est chargé de suivre la bonne conformité du parcours des candidats au règlement du concours de l'Eurovision. Un des articles de ce règlement stipule que la chanson présentée par chaque candidat doit être originale et ne jamais avoir été diffusée auparavant. Or, *Famous*, notre chanson en lice, a été référencée sur une plateforme Internet aujourd'hui inactive (conçue d'ailleurs par le père de Bilal), mais cela suffit à la disqualifier. Il nous faut en urgence écrire une nouvelle chanson pour la présenter au jury de cette fédération avant la clôture des candidatures, qui est imminente.

En fin de journée, j'arrive à notre appartement, à La Plaine Saint-Denis. Je retrouve mes deux enfants. Très fatigué par sa convalescence, Taha se repose dans sa chambre, il n'est pas en état de décharger avec moi ses affaires de la camionnette. Bilal me propose aussitôt son aide, mais il a d'abord une nouvelle à m'annoncer, me dit-il avec beaucoup d'agitation. Voilà, le duo d'artistes Madame Monsieur l'a invité à enregistrer un nouveau titre dans leur studio qui se trouve justement à côté de notre appartement. Bilal se sent gêné : « C'est hypergénéreux de leur part, mais je les connais à peine », dit-il. J'argumente en lui disant qu'il doit saisir cette opportunité : « C'est une chance, Bilal. Elle te sourit, à toi de lui rendre un aussi joli sourire. J'ai confiance. Quand allez-vous enregistrer ?

– Là, maintenant ! »

Mais auparavant, malgré son angoisse devant le défi de cette nuit blanche qui s'annonce, Bilal prend le temps de m'aider à décharger la camionnette. Puis, vers 21 heures, il file au studio d'enregistrement de Madame Monsieur.

Et moi, pendant ce temps, je range les affaires de Taha, cela m'occupe et m'empêche de me ronger les sangs pour Bilal, j'essaie de lui envoyer des bonnes ondes, je prie le dieu de la création musicale.

Vers 4 heures du matin, la porte de l'appartement s'ouvre. Bilal apparaît, les traits de son visage tirés. Il me dit : « Maman, j'ai écrit une chanson, on l'a enregistrée, elle s'appelle *Roi*.

Plus tard dans la matinée, comme je dois ramener la camionnette au local du loueur, Bilal m'accompagne. Pendant le trajet, il m'explique le processus de création. Jean-Karl a joué une note au piano. Bilal a chanté sur cette note : « *I am me*. » Puis, ils ont déroulé le texte et la chanson : voilà comment est né le titre *Roi*, son autoportrait en chanson.

Il branche le haut-parleur de son smartphone et me fait écouter le morceau enregistré et mixé pendant la nuit. Après les premières notes, je frissonne. Le refrain m'emporte, je dis à Bilal que je suis persuadée que cette chanson va toucher le cœur des gens.

Initialement, cette chanson s'appelait *Crown*, couronne, en anglais. Mais Émilie, la chanteuse du groupe Madame Monsieur, l'a convaincu de trouver un autre titre accessible à toutes les générations. C'est alors que le mot « Roi » s'est imposé à Bilal.

Cette chanson emballe le public qui vote massivement pour Bilal le jour de son interprétation devant les caméras de *Destination Eurovision*…

L'album sur lequel figure *Roi* connaît un grand succès après le concours de l'Eurovision à Tel-Aviv.

Pendant cette période de renouveau, nos chemins avec Guillaume, le producteur, se séparent d'un commun accord : Bilal reprend ainsi la main sur sa création artistique. Dorénavant, mon fils se sent pousser des ailes, elles ne cessent de grandir, encouragé par Taha et ses proches : il va créer de nouvelles chansons et défendre avec ses textes et ses paroles publiques ceux et celles qui aspirent à vivre leur différence sans peur et sans se cacher.

Tant pis si les haineux et les réactionnaires le menacent de mort sur les réseaux sociaux. Tant pis si cela meurtrit mon cœur de mère. Il faut se battre au nom des droits humains. C'est à ce prix que la société peut prétendre à un monde meilleur.

– 12 –

L'envol

Février 2019. Aéroport de Roissy. 6 h 43 du matin.

Souvenez-vous, les torrents de haine sur Twitter s'abattent sans relâche contre Bilal, le gagnant de *Destination Eurovision*. Une grande moitié de la France l'adule et s'identifie à son combat pour son droit à la différence, une frange plus ou moins grande de l'autre moitié voudrait le chasser du pays qui l'a vu naître.

Harcelé par des trolls qui le transforment en une cible ambulante, il refuse d'aller plus loin, il ne montera pas dans cet avion pour Tel-Aviv.

Je me penche vers lui et lui répète les paroles de Taha : « Tu as entendu ton frère, il a raison : la scène est ton lieu sacré. Rien ne peut t'interdire de monter sur les planches sous les projecteurs et de chanter. Nul n'est autorisé à t'en priver. »

Il se tourne et me dévisage, le regard en détresse et plein de doute. Alors, débordée par l'émotion, je lui dis : « Tu es mon petit miracle, tu t'en souviens ? »

Petit miracle… cette expression est l'un des noms de code que nous partageons, Taha, Bilal et moi. Comme je l'ai expliqué un jour à Bilal, vers ses 8 ans : il n'aurait jamais dû venir au monde. Après la naissance de Taha, je ne voulais plus d'enfant, car j'avais peur de l'avenir que je sentais de plus en plus menaçant, et j'étais sous contraception pour éviter de tomber enceinte. Et finalement Bilal est venu sur Terre : notre « petit miracle » familial à nous…

Quand ils étaient petits, pendant nos séances de « dimanche-débat », Taha et Bilal s'amusaient à inventer toute une histoire à propos de ces étranges bestioles qu'on appelait spermatozoïdes : selon leur récit, il s'agissait de héros échappés des profondeurs du cosmos, capables de courir de toutes leurs forces pour se faufiler entre toutes les barricades du monde, l'un d'entre eux allait devancer tous ses camarades pour arriver le premier, féconder le mystérieux ovule et créer ainsi notre petit miracle : Bilal !

Pendant ces dimanches-débats, j'ai semé des petites graines, que Taha et Bilal appelleront plus tard « les pépites de chocolat que notre mère a mis sur notre chemin », pour leur inventer des souvenirs heureux et salvateurs plus tard dans les situations parfois calamiteuses de leur vie d'adulte. Ces pépites de chocolat m'ont aidé à convaincre Bilal de prendre cet avion et d'aller à la rencontre de sa destinée.

Il me sourit, puis se lève sans un mot. Il prend son sac en bandoulière, se présente au guichet de l'embarquement que nous franchissons en silence. Nous nous installons à nos sièges dans l'avion, côte à côte.

Poussée des réacteurs, nous décollons.

Le producteur de Bilal avait eu l'idée de faire chanter Bilal dans l'avion pour Tel-Aviv, à des fins de promotion. Car la campagne Eurovision était lancée, et toute personne avec un téléphone était un votant potentiel ! Alors, une fois dans les airs, le stewart tend son micro à Bilal qui s'annonce et déclare « Ladies and gentlemen, je m'appelle Bilal Hassani, bonjour, bonjour, bonjour, attachez bien vos ceintures, et ouvrez grand vos oreilles, le show va commencer… »

Bilal a ainsi annoncé, en chanson, les consignes de sécurité sous les applaudissements de tous les passagers…

À notre arrivée à Tel-Aviv, nous sommes reçus par l'attaché de presse de l'ambassade de France, Eran, qui est devenu depuis un ami très cher à nos cœurs.

Dans le hall de l'aéroport, le public nous attend chaleureusement et nous adresse des signes fraternels. Dans la rue, les gens nous demandent un selfie, une capture vidéo, une dédicace signée par Bilal. Nous avons été invités à des dîners amicaux, à des réceptions officielles, où nous avons rencontré des personnes merveilleuses à tous points de vue, nous avons même fait notre premier shabbat chez Tilla, une expérience inoubliable !

À Tel-Aviv, cette ville festive et joyeuse, Bilal s'est complètement détendu, et il s'est rappelé ce que Taha et moi lui avons toujours dit : « La violence exprimée dans le bec de l'oiseau bleu n'existe pas dans la vraie vie. »

Aujourd'hui…

Quel chemin, quelle aventure ! Au fil des années, créer notre propre structure pour développer nos activités professionnelles et artistiques fut pour Bilal et moi une évidence. C'est pourquoi j'ai aidé Bilal à fonder son entreprise, House of Hassani, faisant office de label indépendant et d'éditeur répertorié dans les instances de notre secteur d'activité, comme la Sacem, qui récolte les droits des artistes auprès des diffuseurs, notamment. Bilal m'a proposé de diriger son entreprise, ce que j'ai accepté. Je me suis donc retrouvée à la tête d'un label de musique et d'une maison d'édition, entourée de toute une équipe.

Une équipe soudée autour de Bilal, qu'il appelle « le squad », composée de Yan, le consultant en stratégie et marketing, Ronan, le directeur artistique et d'image, Charlotte, l'assistante management, et moi. Il faut aussi citer la « glam-squad », celle qui réunit Gabriel, le perruquier et coiffeur, Nicolas, le maquilleur, et Mathias, le styliste. Chacun apporte son talent et livre ses impressions librement.

C'est notre « House of Hassani ». Bilal est le cœur qui bat sur scène et nous sommes tous avec lui. Nous tenons à conserver cet esprit collectif pour aider le cœur que nous formons ensemble à battre encore plus fort.

À cette même époque, « Jjong Roi », le chien de Bilal est arrivé dans notre famille, il est devenu notre mascotte. Il apporte beaucoup d'équilibre et d'amour à Bilal, et à toute l'équipe, fidèle compagnon de tous les plateaux TV, concert…

House of Hassani a négocié le projet de l'émission de divertissement *Danse Avec Les Stars*, saison 11 (DALS) avec TF1 et la BBC. Dans cette émission Bilal danse avec un autre garçon, une première qui a propulsé sa notoriété à un échelon international. Pendant les préparatifs, nous avons redouté réveiller les haineux, les violences. Mais les interprétations rayonnantes de Bilal ont séduit et conquis le cœur du public et des professionnels : Bilal est un grand artiste, un artiste complet, il a ému, même les récalcitrants qui avaient pourtant émis des réserves et des messages du type : « On ne l'aime pas trop, ce n'est pas notre came, mais qu'est-ce qu'il a bien dansé et quelle émotion il dégage sur scène ! »

Parvenu en finale, Bilal nous a transportés pendant les onze *prime time* de l'émission dans son monde merveilleux, dans son rêve.

Nous ne sommes qu'au début de cette aventure. Nous souhaitons faire prospérer notre label dans la bienveillance et la joie en accueillant des artistes porteurs de ces mêmes valeurs.

Depuis septembre 2021, Taha se porte beaucoup mieux. Il a repris les parties amicales de go avec des adversaires chevronnés du monde entier. Ces échanges sont chers à nos cœurs, Taha, Bilal et moi. Grâce à ces compétitions amicales, il a en peu de temps progressé de cinq niveaux dans le classement international, tout près de 1er dan (équivalent de la ceinture noire dans les arts martiaux).

Sa passion a toujours été le fil conducteur de sa vie depuis ses douze ans, même dans les situations chaotiques qu'il a traversées depuis septembre 2018.

Pour Taha, le go est une analogie de la vie. Il m'a souvent répété : « Si tu sais regarder ton goban (plateau de jeu pour le go comme l'échiquier pour le jeu d'échecs) avec ton cœur et ton esprit libre d'enfant, alors tu t'épanouiras en jouant des parties inoubliables à jamais gravées dans ta mémoire, la source de ta réussite humaine… »

Enfin, alors que la fin de mon témoignage approche… j'ai une tendre pensée pour mon père, qui nous a quittés le 7 septembre 2021, deux jours avant l'anniversaire de Bilal. Avant de partir, il m'a confié qu'il était fier et heureux de ce livre, dont j'écris ici les dernières lignes…

Le jour de son départ, il était entouré de toutes les personnes qui lui sont chères : ses enfants, ses petits-enfants, ses amis, amies, et ma mère, son amour de toujours. Oui, il a vécu son dernier instant auprès des siens, rassemblés dans cette famille qu'il a inventée tout au long de sa vie, une famille cosmopolite, mais unie par l'amour et la bienveillance, ciment, selon lui, de toute forme de vie.

Remerciements

Je remercie tout d'abord Elsa et Margaux qui m'ont fait l'honneur de croire à mon projet de « témoignage » en mettant à ma disposition tous les moyens nécessaires à sa réalisation.

Je tiens à exprimer ma gratitude à Julien, qui est à l'origine de l'idée d'écrire ce livre. Il a sans relâche murmuré à mon oreille l'intérêt citoyen de témoigner de mon parcours. Merci Julien.

Je suis particulièrement reconnaissante à Marie-Paule et à Christophe pour leur aide précieuse en direction littéraire et en écriture. Leur esprit vif, leur perspicacité m'ont fait traverser cette phase d'écriture, dynamique et intense, tout en étant sereine. Merci à eux de m'avoir fait bénéficier de leurs grandes qualités humaines.

Je voudrais adresser mes sincères remerciements à Taha, Bilal et Eran pour les heures qu'ils ont consacrées à la lecture de ce livre. Certains passages ont interpellé Taha et Bilal, mais ils ont su puiser dans leur intelligence et dans leur bienveillance pour séparer mon ressenti du leur. De cela, je ne les remercierai jamais assez.

Le travail sur ce projet aurait été un enfer sans le Squad : Yan, Ronan, Charlotte. Ils ont tenu les rênes de House of Hassani en mon absence. Je les remercie pour cela et pour bien d'autres choses que je ne saurais rapporter.

Bien entendu, je remercie Yannick de m'avoir dirigé avec brio lors de la séance photo de la couverture, ainsi que Nicolas, Gabriel et Mathias de m'avoir sublimé avec leurs mains expertes.

Je tiens à remercier Maïté, Chantal, Béatrice et Mathieu de l'équipe Lafon pour avoir apporté leur pierre à l'édifice.

J'adresse une pensée à celles qui, dans ma vie, mères comme moi, ont partagé mes angoisses et mes espoirs. À mes amis de Paris, Toulouse ou Casablanca – chers mimes de nos soirées burlesques, vous vous reconnaîtrez –, tout simplement parce qu'ils entretiennent, en l'ignorant peut-être, le moral parfois chancelant des troupes.

Enfin, je termine sur un mot d'excuse adressé à ceux que je n'ai pas mentionnés dans ces remerciements, les priant de comprendre qu'il est difficile de n'oublier personne.

Table des matières

Composition
PRESS·PROD

Imprimé en Espagne
Dépôt légal : janvier 2022
N° d'impression : 01
ISBN : 978-2-7499-4873-7
LAF : 3188